LA VRAYE ET LA FAUSSE METAPHYSIQUE, OU L'ON REFUTE LES SENTIMENS DE M. REGIS, ET DE SES ADVERSAIRES SUR CETTE MATIERE.

Par Monsieur DE LELEVEL.

AVEC PLUSIEURS DISSERTATIONS Physiques, & Métaphysiques, & toutes les Pieces justificatives des sentimens du PERE MALEBRANCHE, *par raport à* M. REGIS.

A ROTTERDAM,
Chez REINIER LEERS.

M. DC. XCIV.

PREFACE.

IL faut avoüer que la Philosophie Cartésienne, toute solide & véritable qu'elle est, a un sort bien bizare. Les uns la veulent renverser sans en avoir pénétré les fondemens, & sans s'être assurez de ses principes : Du moins, on ne voit pas qu'aucun d'eux les ait jamais ni exposez, ni expliquez. Les autres la ruinent ou la décrient en voulant l'établir. Les uns & les autres en disputent, sans avoir aucune Idée distincte de leurs propres sentimens.

Monsieur HÜET aujourd'hui Evêque d'Avranche ; s'avisa, il y a quatre ou cinq ans, de donner un assaut à cette Philosophie : où assurément, il n'eût pas plus de succez, que ceux qui en avoient tenté la ruine avant lui. Monsieur Regis est venu depuis avec un Systéme pompeux, pour la faire paroître de nouveau dans son lustre, & a prétendu particuliérement faire taire Monsieur HÜET. Mais malheureusement le Prélat s'est trouvé plus fort que le prétendu Cartésien ; Et c'auroit été une espéce de triomphe pour le Péripatetisme, si un autre Disciple de cette Secte ne s'en étoit point voulu mêler. C'est M. Duhamel Licentié & Ancien Professeur, qui aparemment n'a pas connu que M. Hüet est un Achille, par raport à M. Regis. Car s'il l'avoit connu, seroit-il venu faire de nouveaux raisonnemens, qui loin d'apuïer la gloire du Prélat son Ami, rétablissent en quelque sorte, l'honneur de M. Regis?

Quoi qu'il en soit, j'ai crû avoir droit de disputer aussi-bien que les autres, & mêmes être obligé de faire voir, puisque je le voi clairement, que tous les trois disputent, sans avoir les Idées, ni de la Métaphysique, ni de la Morale, qui sont les deux parties que j'attaque dans le Systéme de M. Regis.

Je ne croi pas aussi, qu'aucun des trois me puisse accuser de ne lui avoir pas fait justice. Si je marque quelquefois de la vivacité, c'eſt ſans aigreur, & qu'ils s'en prennent à la verité, c'eſt d'elle que tout ce que je dis, tire ſa force. J'aurois pû faire le galant Homme, & prendre des maniéres flateuſes à la maniére de nos eſprits fins & polis : Mais autant que l'honnêteté eſt eſſentielle à la Diſpute, où l'on travaille de bonne foi à s'inſtruire mutuellement : autant je tiens que cette prétenduë politeſſe eſt ennemie de la verité, quand on parle à ceux qui prennent le ton de Maître pour le menſonge & pour l'erreur. C'eſt le rétranchement de l'amour propre, quand il veut couvrir l'impuiſſance où l'on eſt de raiſonner ſolidement, & l'indifference qu'on a pour les vraïs biens : c'eſt dans pluſieurs un petit artifice, qui tend à faire paſſer impunément les traits les plus malins de l'envie & du dépit : c'eſt en tous la maniére commune de mandier des ſuffrages. Car l'imagination a ſes adreſſes, elle ſçait ramper auſſi-bien que faire la fiére pour parvenir à ſes fins. Je n'ai pas crû que ce fût un mal de ne pas ſuivre ce qu'elle inſpire. Peut-être me ſuis-je méconté : mais auſſi ſuis-je tout prêt à déſavoüer ce que la vérité n'autoriſe pas. Je le repete, je n'en veux point aux Perſonnes, je les reſpecte, & principalement Monſieur DAVRANCHE, que ſa dignité ſeule doit faire reſpecter profondément, quand ſon mérité d'ailleurs ne feroit pas auſſi connu qu'il eſt. Je n'en veux qu'aux fauſſes études, & à la mauvaiſe Philoſophie. L'aveuglement du Genre-humain, eſt le plus grand qu'il puiſſe être à cét égard. Il ne faut que ſuivre ce qui ſe preſente naturellement à l'eſprit, lorſqu'il n'écoute pas les ſens, pour en être convaincu.

Ainſi, l'on ne doit pas m'accuſer de m'être prévenu en faveur des ſentimens de qui que ce ſoit. S'il y a quelques Auteurs que je ſemble imiter, c'eſt que nous avons puiſé dans la même ſource. Ceux qui diſent que Dieu fait tout, que les créatures n'ont que l'impuiſſance en partage, qu'on ne voit point les objets en eux-mêmes, que la Nature corporelle, n'eſt qu'une continuelle mécanique, que la Raiſon n'eſt point un Etre particulier, que c'eſt une lumiére commune, à laquelle tous les Eſprits participent, que nous avons l'Idée de l'Infini, que nos ſentimens ſont fort differens de nos connoiſſances, que Dieu a établi des Loix, qu'il ſuit conſtamment dans l'ordre de la Nature, & dans celui de la Grace, que c'eſt un renverſement, que l'eſprit ſoit dépendant du corps, qu'il n'y a qu'un Reparateur divin, qui puiſſe remédier à ce deſordre : ceux, dis-je, qui raiſonnent ſur ces principes, marchent toûjours d'un pas égal, & ne ſortent jamais de la véritable route.

Je ne croi pas qu'on en puiſſe douter. Mais comment convenir, que d'imaginer d'autres principes, c'eſt rechercher l'érreur, & préparer l'attirail d'une Philoſophie monſtrueuſe ?

En un mot, j'ai préferé la lumiére à mes imaginations, pour éxécuter ce que je me ſuis propoſé. La verité eſt le bien de tout le monde. Quoi qu'on ne découvre pas le premier, les principes qui en découlent, on n'en eſt pas moins le propriétaire, quand on en voit la fecondité, & qu'on en ſçait tirer des conſéquences en toutes ſortes de rencontres. C'en eſt aſſez pour moi. Voïons ce que j'ai à dire contre les autres.

TABLE DES CHAPITRES

De la Vraïe & fausse Métaphysique.

Fin de la Table.

LA VRAYE

LA VRAYE ET LA FAUSSE METAPHYSIQUE, OU L'ON REFUTE les sentimens de Monsieur Regis, & de ses Adversaires sur cette Matiére.

CHAPITRE PREMIER.

Que la matiére n'est pas la cause exemplaire de son idée. Fausseté des Raisonnemens de Mr Regis. Pitoyable réponse de ce Philosophe à Mr Davranches.

JE ne suivray par Monsieur Regis dans tout ses axiomes, dans ses analyses, dans ses définitions & dans ses reflexions. Rien ne seroit plus ennuyeux & plus inutile. J'irai d'abord au fait. Il est difficile de concevoir, que Monsieur Regis fasse tant d'appareil pour ne rien dire, ou pour dire tout de travers. C'est cependant de quoi j'espere convaincre le Lecteur.

System. Metaph pag. 74. Comme l'idée de l'etenduë est inseparable de l'esprit, cet Auteur cherche d'où vient la proprieté qu'a cette idée de representer l'étenduë:& trouvant par *l'analyse*, que cela ne peut venir de lui-même, il conclut, que cela ne peut venir que de l'étenduë : ce qui le conduit à cette grande découverte que *l'étenduë existe*, parce que suivant son premier axiome, qui est, que *le néant n'a point de proprieté*, si l'étenduë est cause, c'est une necessité qu'elle existe.

System. Metaph. pag. 75. Ce même axiome lui est d'un usage merveilleux. Car il en conclut encore, que si l'étenduë n'existoit pas, l'idée qui nous la represente, representeroit le néant, ce qui est impossible. Et enfin parce que ſuivant ſon troiſiéme axiome, *un effet ne peut avoir plus de perfection qu'il n'en a reçû de ſa cauſe totale*, il ſe confirme de plus en plus dans ſa penſée, *qu'il n'y a que l'étenduë même qui puiſſe être l'objet de l'idée qui la repreſente. parce qu'il n'y a qu'elle qui contienne réellement & formellement toutes les perfections que cette idée exprime.*

Je ne ſçai ce qu'on appellera ſe mocquer du public, ſi ce n'eſt de donner de tels raiſonemens pour des demonſtrations. Il n'y a là qu'équivoque & petition de principe. On nie que l'étenduë ſoit la cauſe de l'idée qui la repreſente. Si cela étoit ainſi, la matiére, toute tenebreuſe qu'elle eſt, éclaireroit l'eſprit : elle ſeroit au deſſus des êtres intelligens, puiſqu'elle leur fourniroit des idées d'où dépend en partie l'intelligence. Peut-on penſer à cela, & ſe perſuader ce que dit Monſieur Regis ?

Mais, *ſi l'étenduë n'étoit pas la cauſe de l'idée, l'idée n'auroit point de cause.* Il s'agit donc icy de chercher la cause de la cause. Veut-on philosopher ou badiner ?

Mais, *si l'étenduë n'existoit pas, l'idée qui nous la represente, representeroit le néant.* La juste consequence ? Cette idée se represente elle-même. Cela ne suffit-il pas ? Dieu de toute éternité a eu l'idée du monde qu'il devoit créer. Cette idée avant la création representoit-elle le néant ? Il est vray que le néant, comme néant ne sçauroit être representé. Mais qu'on prouve qu'une Intelligence ne peut recevoir les idées des choses qui ne sont point encore, mais qui seront un jour ; ou du moins qui sont possibles.

D'où les recevroit-elle, dira Monsieur Regis, si ce n'étoit de l'étenduë, qui seule *contient réellement & formellement toutes les perfections qui sont exprimées par l'idée qui la represente ?* Et moi, je lui demande, quel sera le modele ou l'archetype de l'étenduë. Comment Dieu l'a-t'il faite sans en avoir vû l'archetype ? Dieu agit-il ſans ſçavoir ce qu'il fait ? Et nous autres, comment ſçavons-nous que la matiére eſt impénetrable & diviſible à l'infini, ſans l'avoir jamais éprouvé, ſi ce n'eſt, parce que l'idée qui nous la repreſente, en eſt le modele parfait, & qu'en jugeant ſur ce modele, qui contient, non pas *formellement*, puiſque cela n'eſt pas neceſſaire dans un modéle, mais *éminemment*, toutes les perfections de l'étenduë, nous ne pouvons nous tromper ?

Il y a peu de Philoſophes qui n'ayent pensé, que les idées que nous avons des étres corporels, ſont les éxemplaires de ces êtres. Platon s'eſt rendu celebre par ce ſentiment. Mais Monſieur Regis n'aime pas des choſes ſi communes, il prétend, que la creature eſt l'exemplaire de l'idee qui la repreſente. Les Architectes doreſénavant ne dreſſeront plus leurs ouvrages ſuivant les idées qu'ils s'en ſeront formées, ou ſelon le plan qu'ils en auront pris dans leur eſprit. L'étenduë créée leur fournira leur modéle auſſi bien que leur terrein. Monsieur Regis a pressenti ce ridicule, & il a crû parer le coup qu'il prévoyoit par l'ingenieuse distinction *d'idée naturelle*, & *d'idée artificielle*. J'ai, dit-il, *l'idée d'un palais enchanté sans qu'il existe: mais cette idée est artificielle, parce que la volonté ajoûte à l'idée naturelle d'étenduë ou en diminuë ce qu'elle veut pour imaginer un palais.*

Syftem. metaph. pag. 76.

Cet Auteur ne sent qu'à demi ce qui se passe en lui-même, où il ne parle pas sincerement. Ne sçait-il pas qu'il a souvent des idées de palais ou de masure sans que sa volonté y ait aucune part, comme il lui arrive lorsqu'il dort? Ne sent-il pas, que s'il aperçoit des parties & des proportions, c'est qu'il donne à l'idée infinie qu'il a de l'étenduë, les bornes qu'il lui plaît? Il le sent assûrément. Car il vient de le dire. L'idée *artificielle* n'est donc qu'une limitation de l'idée *naturelle*? Et par consequent si l'idée artificielle ne suppose pas un palais éxistant, l'idée de l'étenduë ne suppose point une matiére exiſtente : mais au contraire cette idée eſt préalable à la matiere comme il paroît par l'éxemple d'un *palais enchanté* qu'on voit, & qui n'éxiſte point. C'eſt ainſi, ce me ſemble, qu'on peut rappeller à la preuve un homme qui pour une diſtinction frivole ſe met en droit de ſuppoſer ce qui eſt en queſtion.

Mais que ſignifie cette maniere de parler, que *l'étenduë eſt l'objet de l'idée qui la repreſente ?* Eſt-ce l'étenduë qui éclaire l'idée ? eſt-ce l'idée qui la contemple, & qui en avertit l'ame ? eſt-ce l'ame même qui eſt cette idée ? ſi c'eſt l'ame, même, comment devient elle idée ? ſi l'idée & l'ame ſont deux choſes differentes, comment ſubſiſte cette idée ?

Monſieur Duhamel preſſe icy à ſa maniere Monſieur Regis ; & quoique dans la ſuite il faſſe l'honneur aux Cartéſiens de les marquer tous au coin de cet Auteur, il l'accuſe de n'avoir pas ſuivi Deſcartes. Il n'eſt pas neceſſaire, dit-il, enſuite, qu'une « «

Duhamel, Reflex. pag. 67.

» cause exemplaire éxiste réelle-
» ment & actuellement pour produi-
» re son effet ; c'est assez qu'elle
» éxiste objectivement dans l'esprit
» de celui qui veut produire quel-
» que chose à la ressemblance de la
» cause exemplaire.

Qu'est-ce, je vous prie, qu'une cause qui n'éxiste pas réellement ? Ce qui éxiste objectivement n'a-t'il point d'éxistence réelle ? mais où se trouve cette cause éxemplaire qui n'éxiste pas réellement ? Est-ce dans l'ame ou dans le corps ? ce n'est pas dans l'ame ; car l'ame ne renferme que ses propres modifications. Ce n'est pas dans le corps. Car on suppose qu'il n'y a point d'étenduë. Voilà une cause éxemplaire qui apparemment ne trouvera pas sa place. Mais, qu'elle la trouve, d'où aura-t'elle tiré son origine ? comment aura-t'elle le pouvoir d'imprimer dans l'ame une idée si semblable à elle-même ? si elle ne fait que se découvrir à l'ame, afin que l'ame l'apperçoive, que devient-elle aprés s'être montrée ? Comment fait-on pour la faire paroître & éclipser ? Voilà où nous ménent ces gens qui veulent qu'on croye qu'ils *travaillent à la perfection de la Philosophie.*

Monsieur Hüet avant eux avoit pris la chose de plus loin. * Il avoit attaqué *le doute Cartésien*, pour venir delà à la matiére des idées. Monsieur Regis lui a répondu à peu prés en ce sens, que si Descartes & ses Disciples *doutent*, ce n'est pas par une disposition à ne rien croire, mais pour éxaminer ce qu'on leur propose, & pour ne pas juger sur le témoignage des sens, comme jugent toûjours ceux qui n'éxaminent pas. Jusques-là Monsieur Hüet n'a rien à dire. Mais Monsieur Duhamel ne s'en tient pas à cette réponse. Il soûtient, que le doute des Cartésiens est sérieux, effectif, & absolu. *On ne doute point*, dit-il, *d'un doute feint & hypothetique, quand on traite avec soi-méme. Nos connoissances ne peuvent pas dépendre d'un doute feint & imaginaire. Un doute supposé de*

* *Censurâ.* Philosoph. Cartes.

Duhamel. Reflex. pag. 3. & 4.

gayeté de cœur, ne nous permet pas de nous assurer d'aucune chose, parce qu'on peut éternellement supposer un semblable doute.

Voilà donc Monsieur Duhamel qui ne doute de rien de gayeté de cœur, parce que s'il doutoit ainsi, il ne s'assureroit jamais de la chose dont il douteroit. S'il doute, c'est tout de bon, parce qu'à lors il traite avec lui-même, & qu'il sçait qu'un doute feint ne peut être le principe de ses connoissances. Ce doute effectif plus favorable pour lui, que pour Descartes le conduit aux grandes découvertes dont il fait part au public. Mais lors qu'il doute, n'examine-t'il point la chose dont il doute, par tous ses côtés differens; & ne suspend-t'il point son jugement, jusqu'à ce qu'il ne puisse plus resister aux idées qui se présentent à son esprit? Si cela est ainsi, le voilà dans le doute Cartésien: Mais quand il y seroit, apparemment il n'en conviendra pas. Car il faut que Descartes soit un vray Pyrrhonien, ou plûtôt qu'il ait les défauts de la secte, & qu'il n'en ait pas les avantages. On lui fait un procez, sur ce qu'il doute de tout, & incontinent aprés on lui en fait un autre, sur ce qu'il ne doute de rien. On feroit bien pourtant de demeurer en repos. Car je ne croi pas qu'il y ait un homme raisonnable qui ne doute toûjours, sur ce qui ne se présente pas clairement à son esprit, & qui ne cesse de douter quand l'évidence l'aura forcé. Du doute, Monsieur Hüet passe à ce raisonnement *je pense donc je suis.* Saint Augustin l'approuve; mais Descartes s'en est servi. Il ne vaut plus rien. Monsieur Hüet ne veut pas voir, que bien qu'un homme qui doute *s'il est*, puisse aussi douter *s'il pense*, il ne peut néanmoins douter *qu'il est*, dés qu'il s'apperçoit *qu'il pense*: il ne veut pas voir qu'une pensée pour être fausse, ridicule, chimérique, n'en est pas moins une pensée, & que si l'on se trompe, il faut être quelque chose.

Cens. Philosoph. Cartesianæ.

Comme si c'eût été peu que

Monsieur Hüet eut attaqué le petit raisonnement, *je pense. Donc je suis.* Monsieur Duhamel l'a voulu refuter à sa maniere. On y suppose dit-il, ce qui est en question, puis qu'en disant *je pense*, ce mot *je*, suppose qu'on éxiste. Mais ce mot *je*, pourra bien se trouver par tout; & par conséquent chacun de nous aura bien de la peine à s'assûrer de son éxistence. Si un Philosophe vient dire. *Ce qui a quelque proprieté n'est pas un néant. Or c'est avoir une proprieté que de penser. Donc où est la pensée il y a quelque chose d'éxistant.* Monsieur Duhamel s'appercevra d'abord qu'il y a un *je* caché. Puisque ce raisonnement ne se fait pas lui-même & qu'il faut que quelqu'un le fasse. C'est *supposer*, s'écriera le Philosophe, *qu'on éxiste déja.* Disons lui donc à ce Philosophe, que le *je* ne suppose point icy l'éxistence; mais seulement le *moi* qui pense, le *moi* qu'on regardoit comme un néant avant qu'on s'apperçût qu'il pense, mais qu'on a regardé comme un être, dés qu'on s'est apperçû

Reflex. pag. 44. 45.

qu'il est pensant. Ainsi, le raisonnement de Monsieur Duhamel n'a point d'autre effet que de faire voir la solidité de celui qu'il veut renverser, puisque selon lui-même, on ne peut dire *moi* sans faire entendre qu'on éxiste.

Or comme personne ne peut s'empêcher de dire *moi* ou *je* : ce qui renferme necessairement la pensée, personne aussi ne peut douter de son éxistence. On dira peut-être, que le néant ne peut pas dire *moi* ou *je*. Qui en doute ? mais qui peut douter aussi, que c'est cela-même qui prouve que l'éxistence a un rapport nécessaire à la pensée. Il plaît peut-être à Monsieur Duhamel, quoiqu'il ne soit pas Pyrrhonien, de douter toûjours s'il pense. Cela lui est permis : Il peut aussi, ne pas croire, s'il venoit à n'en plus douter, que ce fût sa premiere connoissance que de connoître qu'il pense, & il pensera sans le sçavoir.

Duhamel. Reflex. pag. 48.

Voici Monsieur Hüet à la matiére des idées. *Quand je pense*, dit-il, *au Soleil, il y a une chose*

Censurâ Philos. Cartes.

presente à mon esprit à laquelle je pense, sçavoir sa pensée. Or cette pensée n'est pas la même que celle par laquelle mon esprit pense actuellement. Car si cela étoit ainsi, l'action seroit la même chose que la fin ou le terme auquel l'action se rapporte; & l'action reflechiroit en elle-même. D'où il infere que *la pensée par laquelle il pense actuellement, est différente de celle à laquelle il pense.* Et de tout cela il conclût que le sens de cette parole de Descartes *je pense*, est celui-ci, fort propre à faire rire, *je pense que je pense.*

Que répond à cela Monsieur
Rép. à M.Hüet pag. 34. Regis? Le voici. *La pensée n'est pas une action, mais une passion. Et quand elle seroit une action, elle ne se rapporteroit pas à elle-même, mais à un objet différent d'elle, qui est soûs-entendu, étant impossible de séparer autrement que par une abstraction d'esprit, la pensée de l'objet auquel on pense.*

Monsieur Hüet seroit de bonne composition, s'il se contentoit de cette réponse. Car son objection demeure dans toute sa force jusqu'à ce que Monsieur Regis ait expliqué, quel est cet *objet soûs-entendu*. Ce que je puis assûrer qu'il n'expliquera pas. Car enfin Monsieur Hüet veut sçavoir, si je ne me trompe, comment la pensée ou l'idée par laquelle il pense, & la pensée à laquelle il pense, sont une même chose : ou il veut qu'on lui explique en quoi ces deux pensées différent l'une de l'autre. Monsieur Regis la senti, & pour se tirer d'affaire promtement. *Il est vrai*, dit-il, *que pour penser au Soleil, il est nécessaire que mon esprit soit pour penser, qu'il y ait une pensée par laquelle il pense, & qu'il ait un objet auquel il pense, sçavoir, le Soleil : Mais s'ensuit-il pour cela*, ajoûte-t'il, *que quand Monsieur Descartes dit* JE PENSE, *il y ait là deux pensées, dont l'une devienne l'objet de l'autre ?*

Monsieur Descartes n'a que faire-là. Mais tout Philosophe qui dit *je pense au Soleil*, est obligé de dire quel est ce Soleil qui est l'objet immédiat de son esprit, & en même tems en quoi cet objet différe de sa pensée. Monsieur Hüet cependant n'a pas trop sujet de s'applaudir. Son objection toute embarrassante qu'elle est pour Monsieur Regis, marque qu'il n'a pas des idées bien distinctes : il pourra les débroüiller en se souvenant de ce qu'on appelle dans l'Ecole *idée formelle*, & *idée objective*. S'il recherche la nature de ces deux sortes d'idées, il verra que l'idée *objective* du Soleil par exemple, ne peut-être autre chose qu'un objet intelligible tout différent de l'ame & du Soleil, mais qui réprésente parfaitement le Soleil ; & que l'idée *formelle* n'est que l'ame même entant qu'elle pense au Soleil. Celle-cy est un sentiment dont on ne peut connoître la nature que par l'expérience actuelle qu'on en a, un sentiment obscur & confus de lui-même, mais qu'un homme attentif par cela-même demêle sans peine de l'idée *objective* qui l'instruit & qui l'éclaire.

Cens. Philos. Cartes. Monsieur Hüet n'en demeure pas-là. *Comme on ne peut*, dit-il, *rien sentir*, *connoître*, *appercevoir que par idée, je ne puis sentir que je pense au jour, si ce n'est par l'idée de cette pensée. Or celui qui ose dire que l'idée de la pensée est la méme que l'idée du jour, pourra dire aussi que le jour & la pensée sont une méme chose.* Franchement cela est incommode pour un homme tel que Monsieur Regis, qui ne sçait pas distinguer entre CONNOÎTRE & SENTIR. *Ie ne puis pas dire*, répond-t'il, *que l'idée de cette pensée soit la méme que celle du jour, puisque je n'ai pas d'idée de cette pensée. Ie puis dire seulement, que je connois le jour par cette pensée, & que je connois cette pensée par elle-méme.* En doit-il être quitte, pour dire que la pensée par laquelle il pense au jour est *connuë par elle-méme?* Ne doit-il pas montrer en quoi consiste l'idée du jour, & comment elle différe de l'idée par laquelle il la connoît? Jusques-là Monsieur Hüet ne doit point lui feire de quartier. Mais ne pourroit-on pas aussi embarrasser le Prélat an lui demandant à lui-même qu'elle est l'idée de la pensée, cette

Rép. à M. Hüet pag. 44.

idée qu'il diſtingue ſi bien de celle de l'objet ? S'il veut bien m'en croire, je lui dirai, que l'idée de la penſée, c'eſt l'objet de l'ame qui penſe ; & que l'objet de la penſée dans celui qui penſe au jour, c'eſt l'idée du Soleil, parcourant ſon arc diurne, je lui dirai auſſi, que cette idée objective eſt intelligible par elle-même, & unie immédiatement à l'ame, ſans en être la modification ; & que l'idée ou plûtôt la perception par laquelle cette idée eſt connuë, eſt une modification de l'ame, un ſentiment, l'ame-même de telle ou telle maniere, touchée affectée par ſon objet en conſéquence des Loix de la nature.

Monſieur Duhamel armé d'une puiſſante Logique entre dans la
Duham. Reflex. pag. 14. diſpute. Comme *la relation categorique*, dit-il, *habet eſſe in ſubjecto & eſſe ad terminum* : de même, l'idée *habet eſſe in mente, & eſſe ad objectum*. Cela veut dire, que l'idée enferme la vertu de modifier comme ſon *genre*, & la vertu de repreſenter comme ſa diffe-

rence. Voilà la solution de toute la difficulté. Les Theologiens, ajoûte-il, entendent par être formel des idées la vertu de modifier & la vertu de representer tout ensemble : & par l'être objectif des idées ils entendent la vertu d'être representé. Ibid.

La question est importante, puis que les Theologiens s'en mêlent. Mais qui leur a dit, que la vertu de representer n'enferme pas aussi celle d'être representé ? Ce qu'une idée represente, n'est-il pas representé par cette idée ? Les Theologiens de Monsieur Duhamel pourroient bien être de ceux qui font de distinctions sans fin, & qui n'entendent gueres ce qu'ils distinguent.

Le Principe commun des confusions de ces Philosophes, c'est qu'ils confondent l'idée avec la perception. L'objet qui est la chose representée n'est pas toûjours semblable à l'idée qui nous le represente : mais la perception qui est une suite de quelque trace du cerveau formée ou reveillée le plus ſouvent par le cours involontaire des eſprits, eſt toûjours exactement proportionnée, & à la trace à cauſe de laquelle on reçoit l'idée, & à l'idée même qui eſt l'objet de l'ame.

On conçoit aisément la difference de l'idée & de la perception, ſi l'on conſidere qu'un œil qui reçoit la lumiere eſt autrement modifié qu'un œil qui ne la reçoit pas ; & que cependant cet œil, ainſi modifié, eſt toute autre choſe que la lumiere. C'eſt la lumiere qui le modifie, mais elle eſt hors de lui cette lumiere, & aſſurement il ne la contient pas. De même les idées par leſquelles l'ame voit & connoît les creatures, lui donnent des modifications qu'elle n'avoit pas ; mais il s'en faut bien que ces idées ſoient l'ame même, & qu'elle ſoit elle-même ſa lumiere.

De plus, puiſque l'œil n'eſt pas capable de voir, & que les objets qui le frappent ne ſont pas viſibles par eux-mêmes, il s'enſuit neceſſairement que c'eſt l'ame qui aperçoit, & que l'objet qui l'éclaire eſt par lui-même intelligible.

Il ne reſte donc plus qu'à examiner quel eſt cet objet qui renferme les idées de tous les êtres corporels. C'eſt ſans doute un objet immenſe, un objet incréé, un objet tres-ſimple dans ſa varieté ſous laquelle il ſe preſente à nous, un objet inépuiſable. Et à qui peut convenir tout cela, ſinon à celui qui par ſa nature eſt toûjours preſent aux eſprits, qui dans la ſimplicité de ſa ſubſtance renferme les perfections de tous les êtres particuliers, & qui peut ſe preſenter comme il lui plaît, tantôt ſelon qu'il repreſente telle ſubſtance, tantôt ſelon qu'il en repreſente un autre?

CHAPITRE II.

Que l'ame n'a pas assez de realité pour contenir l'idée de Dieu, veritable demonstration de son existence. Paralogismes grossiers de Monsieur Regis sur cette matiére.

C'Est faute d'avoir distingué ces deux choses, la *perception* & *l'idée*, que Monsieur Regis anéantit au lieu d'établir la demonstration de l'existence d'un être infiniment parfait; Car sur ce fondement, que toute idée doit avoir une cause exemplaire, comme si toute idée n'étoit pas elle-même l'original, * il conclut de ce que nous avons l'idée d'un être infiniment parfait, qu'il est necessaire que cet être éxiste : & il ne voit pas qu'il y a contradiction qu'un être infini en tous sens tel qu'est l'être parfait, soit representé par une idée finie telle que seroit celle qui ne seroit que la modification de mon ame. Il ne

* Syst. Metaph. cap. 87.

voit pas que cet être ne ſçauroit être repreſenté ; & que ſi nous en avons une idée, comme certainement nous l'avons, c'eſt lui-même qui eſt cette idée ou qui ſe découvre à l'ame ſelon quelques-uns de ſes attributs. Car il faut bien remarquer, qu'il n'en eſt pas de l'être infini, comme des êtres bornez & particuliers. On peut avoir l'idée de tel être ſans que cet être éxiſte, parce qu'on ne voit point cet être en lui-même, & qu'on le voit par une idée qui n'a point de liaiſon neceſſaire avec lui. Mais il eſt clair, que l'être infini ne ſçauroit être repreſenté que par ſon actuelle preſence.

Monſieur Hüet avoit demandé ſi le mot *d'idée* ne ſignifioit pas *ou l'action de l'eſprit par laquelle nous penſons, ou l'objet de cette action auquel nous penſons.* Monſieur Regis a répondu, qu'il entend par le mot *d'idée*, non *pas l'objet auquel nous penſons, mais l'action par laquelle nous penſons à cet objet....* Cette *idée*, ajoûte-il, *eſt finie, ſi on la conſidere en elle-même, & ſe-*

Cenſurâ Philoſ. Carteſ.

Rep. à M. Hüet pag. 191. & 192.

lon ſon être formel : mais elle eſt infinie, ſi on la conſidere ſelon ſon être objectif.

Voilà Monſieur Regis entre les mains de Monſieur Hüet, & tout Cartéſien qu'il croit être, il n'échapera pas ſi ſon adverſaire le bat à la Cartéſienne, c'eſt à dire, en lui faiſant expliquer ſes termes, & le reduiſant à des diſtinctions préciſes. Monſieur Regis convient que l'idée qu'il a de Dieu, conſiderée, *ſelon ſon être formel*; eſt une modification de ſon ame.

Qu'eſt-ce donc que cette même idée de Dieu, conſiderée ſelon ſon *être objectif*? N'eſt-ce pas auſſi la modification de ſon ame? Puiſqu'il dit, *que cette idée, ſelon cet être procede d'une cauſe plus excellente que l'eſprit?* Voilà donc ſa modification qui lui repreſente l'infini. Cela eſt merveilleux. Car on n'auroit jamais pensé qu'une modification, qui ne peut être que finie, repreſentât l'infini. Mais enfin qu'il diſe comment il l'entend. Elle le lui repreſente, dit-il, *ſelon ſon être objectif.* Ce langage n'eſt pas

Rep. à M. Hüet pag. 192.

pas intelligible. Qu'il explique comment cette idée si simple a deux êtres, comment l'un est l'objet de l'autre, ou comment il sçait qu'une modification finie lui represente un objet infini ? Ce Cartésien sans doute se méprend. Car s'il n'y a en lui qu'une modification finie, & rien hors de lui qui l'éclaire, il ne sçauroit sçavoir s'il y a un infini. Qu'il considere sa modification comme il lui plaira, c'est la modification de son ame, son ame même, substance finie & limitée. Qu'il montre que cette ame, de quelque maniere qu'elle soit tournée, puisse trouver en elle-même une idée qui ait quelque proportion avec l'infini. Si cette idée demeure toûjours finie, d'où sçait-il encore un coup qu'il y a un infini ? Ou il voit cet objet infini, ou il ne le voit pas. S'il ne le voit pas, d'où vient qu'il dit, qu'il en a l'idée ? S'il le voit, qu'il nous montre par quelle voye il le voit. Il est évident, que Monsieur Regis ne se tirera jamais de là.

Rép. à M. Hüet pag. 199. *Afin*, dit-il, *que l'idée de Dieu passe pour infinie à nôtre égard quant à la proprieté de representer, il n'est pas necessaire qu'elle exprime toutes les perfections qui sont en Dieu, il suffit qu'elle en represente autant que nôtre esprit est capable d'en concevoir.*

Mais Monsieur Hüet peut encore demander en quel langage on appelle *infinie*, une idée qui ne represente que ce qu'un esprit borné peut concevoir. Car où vit-on jamais une plus manifeste contradiction ?

Monsieur Regis cependant revient toûjours à sa premiere distinction. Rép. à M. Hüet pag. 210. *L'idée de Dieu*, dit-il, *n'est pas infinie formellement entant qu'elle est une modification de l'ame : mais elle est infinie objectivement entant qu'elle a la proprieté de representer une chose infinie. Par une idée infinie objectivement*, ajoûte-t'il, *on n'entend autre chose qu'une idée qui represente autant de perfections qu'une idée est capable d'en representer.*

Mais cette idée represente-t'elle

des perfections infinies ? Non ſans doute, puiſqu'elle n'en peut repreſenter *qu'autant que l'eſprit en peut concevoir*. Comment eſt-elle donc infinie ? Comment reſſemble-t'elle à ſon objet qui eſt infini, & qui a a des perfections infinies ? *Rien n'empêche*, dit Monſieur Regis, *qu'une idée qui eſt diſſemblable à ſon objet, quant à ſon être formel, ne ſoit ſemblable au même objet quant à ſon être objectif*. Monſieur Regis doit ſçavoir qu'on ne ſe paye plus de mots. On demande ce que c'eſt que l'être objectif d'une idée qui eſt une veritable modification. On demande comment cet être objectif peut être infini dans une modification finie. Car enfin, il faut qu'il ſoit infini pour repreſenter un objet infini. Enfin on demande d'où cette idée, toûjours finie en elle-même en qualité de modification, peut proceder pour être infinie, quant à ſon être objectif.

Monſieur Regis à tout cela n'a pû dire autre choſe ſinon, que l'idée de Dieu quant à ſon être

Ibid. objectif procede d'une cause infinie, *parce qu'il repugne qu'une idée represente plus de perfections qu'il n'y en a dans sa cause exemplaire.* Mais ne suppose-t'il pas que son idée lui represente plus de perfections qu'il n'y en a dans les choses finies. Or c'est cela précisément qu'on lui nie. Car son idée est finie. Qu'il prouve que l'infini est la cause éxemplaire d'une idée finie, & que cette même idée represente l'infini. C'est apparemment cela que Monsieur Hüet veut sçavoir, & jusqu'à ce qu'on le lui ait fait voir, il sera toûjours en droit de dire qu'une idée qui n'est qu'une modification d'un être fini ne peut representer, quelque tour qu'on lui donne, que des choses finies.

* Reflex. pag. 74. Monsieur Duhamel jugeant * de Descartes & de ses Disciples sur les raisonnemens de Monsieur Regis, a bien raison de dire, que les Cartésiens ne peuvent pas se vanter d'avoir inventé aucune démonstration de l'éxistence de Dieu. Car des Cartésiens, tels que Monsieur

Regis, ne sont propres qu'à faire douter de cette parfaite éxistence, & ils feroient mieux de s'en tenir à la simple démonstration de Monsieur Duhamel, qui mettant bonnement son idée au nombre des créatures, juge par cette idée, comme par le reste des créatures, qu'il y a un Dieu.

Duhamel. Ibid.

Aprés tout, Monsieur Regis a l'idée de Dieu, de l'infini, & il voit bien que cette idée lui est commune avec toutes les Intelligences : mais quelque réelle qu'elle soit cette idée, quelque certain que soit Monsieur Regis d'en être toûjours tout rempli, un homme tel que Monsieur Hüet est capable de le desoler ; & cela, parce que Monsieur Regis n'est pas capable de demêler ce qui est en lui, ce qui lui est propre, d'avec ce qui est hors de lui, je veux dire ses perceptions, ses propres modifications, d'avec les idées qui lui sont présentes. Car s'il avoit distingué ces deux choses, il auroit dans un instant fermé la bouche à Monsieur Hüet, qui le presse &

qui le terrasse, sur ce que la perception étant finie, elle ne peut représenter un être infini.

Que Monsieur Regis ne fait-il une attention entiére à l'idée qu'il a de Dieu, il reconnoîtroit que son Esprit apercevant l'infini en tout sens, c'est une néceßité qu'il y ait une perception & un objet; une perception finie, puisqu'elle est la modification d'une substance finie; mais un objet infini puis qu'on l'aperçoit tel en tout sens; un objet éternel, puis qu'on voit qu'il a été avant nous, & qu'il sera toûjours aprés nous; un objet qui se communique à tous, puis qu'on voit que tous y peuvent découvrir les mêmes qualitez.

L'ame n'aperçoit de cet objet, que ce qu'elle est capable d'en recevoir: mais quoi qu'elle ne le comprenne pas, elle le conçoit néanmoins tel qu'il est, infini en tout sens, renfermant les perfections de toutes les créatures, de maniere que quelque nombre qu'on en conçoive, elles ne l'épuiseront jamais.

Quoique Monsieur Hüet prétende n'avoir pas l'idée de Dieu, cela n'empêche pas qu'il ne l'ait aussibien que Monsieur Regis. Il faut le lui prouver. Il pense quand il lui plaît, à un petit cercle, à un plus grand, & à un autre encore plus grand. Comment cela ? N'est-ce pas parce qu'il conçoit dans l'idée qu'il a de l'étenduë, divers points également éloignez d'un seul, qu'on appelle le centre, & qu'il en prolonge le diamétre autant qu'il veut. Il pense à un cercle en général, c'est à dire, à un cercle dont il ne détermine point la grandeur. Comment cela ? Si ce n'est, parce qu'il a l'idée de la généralité qu'il répand sans y penser, sur l'idée particuliére de cercle. Or cette idée de la généralité, n'est pas l'idée de tel être. C'est donc l'idée de l'être ? Et qu'est-ce que l'idée de l'être, si ce n'est l'idée de l'infini, de Dieu même ? Quand Monsieur Hüet prononce les termes de *genre*, *d'espece*, *de qualitez*, de *vertus* il pense à des créatures, mais à t'il l'idée particuliére de quelque créature ? Non ſans doute. Que ſe paſſe t'il donc en lui ? Il joint tout naturellement & ſans s'en apercevoir l'idée de la généralité aux idées particuliéres qu'il a des créatures : & c'eſt par cette raiſon que les Diſciples d'Ariſtote ne demêlant pas ces idées ſi différentes, parlent éternellement, ſans ſçavoir ce qu'ils veulent dire.

Monſieur Hüet penſe donc à l'être. Il a donc l'idée de l'être ſans reſtriction, de l'être qui a des perfections infinies. Car il n'y en peut tant concevoir, qu'il ne puiſſe encore y en concevoir davantage, & il voit bien, que tout ce que les êtres particuliers ont de plus parfait, n'en eſt qu'une légére participation. Or je dis, que cette idée de l'être ou de l'infini, c'eſt l'être ou l'infini-même. J'en ai dit la raiſon, qui eſt, que ne pouvant y avoir pluſieurs infinis, & que l'infini ne pouvant être répréſenté, par aucune choſe finie, c'eſt une neceſſité, puis que nous en avons l'idée, qu'il ſoit lui-même ſon idée & qu'il éxiſte.

Diſtinguons préſentement à la maniére de l'Ecole, l'idée formelle, de l'idée objective ; & attachons des idées à ces termes. L'idée objective ſera l'être, l'infini toûjours préſent, & uni immédiatement aux eſprits : & l'idée formelle ſera la pérception de l'ame, la modification qu'elle reçoit à la préſence de l'infini.

De croire que tout ce qu'on appelle l'idée de l'infini, ſoit dans cette modification, s'eſt ſe former une chimére. Car l'ame peut-elle voir que ſes modifications s'étendent au delà d'elle-même, comme elle voit que l'infini s'y étend ? Peut-elle voir ſes modifications, ſéparées d'elle-même, comme elle voit que l'infini en eſt ſeparé, & mêmes toutes les idées particuliéres qu'elle aperçoit ? Peut-elle concevoir qu'un être particulier & fini, tel qu'elle eſt, ſoit capable d'une modification générale & infinie, comme il faudroit qu'elle le fût, ſi elle voyoit l'infini dans ſa modification ? Ce ſont les raiſons par lesquelles Monsieur Hüet peut renverser tout l'édifice de Monsieur Regis, mais qui ne touchent point à l'idée de l'infini, puisque cette idée est préalable à la perception que nous en avons.

Eh, que pourroit lui opposer toute l'Ecole d'Aristote, pendant que cette même idée fournit aux Péripatéticiens, comme aux autres hommes, de quoi conter, calculer, mesurer, de quoi parler tant qu'il leur plaît, sur le plus & sur le moins ?

Voyons néanmoins ce que Monsieur Regis, pour soûtenir sa modification, dans laquelle il voit l'infini, répond à Monsieur Hüet. *Par le mot de réalité objective*, dit-il, * *les Cartésiens entendent avec leur Maître, la proprieté que les idées ont de répréſenter leurs objets.*

* Rép. à M. Hüet p. 227.

Si cela est ainsi, l'idée est beaucoup moins que sa proprieté. Car quelle proportion, de la simple modification d'une substance finie, telle qu'est mon ame, à une réalité objective, telle qu'est l'idée de l'infini ? Cette proprieté dont parle Monsieur Regis, est, ou finie ou infinie. Si elle est finie, comment répréſente t'elle l'infini ? Si elle est infinie, comment peut-elle être renfermée dans une idée finie ? Je reconnois assurément Monsieur Descartes pour un grand Philosophe ; mais s'il m'avoit parlé le langage de Monsieur Regis, je n'aurois pas été son Disciple.

Les Cartésiens ne veulent pas, continuë Monsieur Regis, *que les choses qui sont* A PARTE INTELLECTÛS, *soient tellement* A PARTE INTELLECTÛS, *qu'elles ne soient aucunement* A PARTE REI: *& pour prouver qu'ils ont raison de le vouloir ainsi, ils apportent l'exemple des Syrénes & des Centaures ; & en général de tout ce qu'on appelle Chimere. Or*, dit-il, *s'il n'y avoit jamais eû aucun Cheval, ni aucun Homme, aucune Femme, ni aucun Poisson, il faudroit dire, que l'esprit auroit la proprieté de former des idées du néant.* Rép. à M.Hüet pag. 233.

Où est le Cartésien qui dit, que les créatures sont les modéles des idées qui les réprésentent ? Que les idées supposent les créatures, & non pas les créatures, les idées ? Où est le Cartésien, qui dit, que les Géométres ont vû de leurs yeux, des figures avant que d'en avoir les idées. Qui dit, que s'il n'y avoit que des esprits, ils ne pourroient pas recevoir l'idée d'un monde que Dieu peut faire ? Qui dit, qu'un Ange faute de traces, ne peut sçavoir ce que c'est qu'un triangle ou un quarré ? Où est le Cartésien, qui ne voit pas que l'infini est la réalité, d'où nous formons, ou plûtôt, d'où nous tirons nos idées, puis qu'il n'y a que l'infini, qui dans la simplicité de sa nature, puisse renfermer cette multiplicité d'idées, que nous voyons bien que nous n'épuiserons jamais ? Où est le Cartésien, qui ne dit pas, que si les idées sont toûjours *à parte rei*, ce n'est qu'en ce sens, que bien qu'il n'y ait point de créature éxistante, l'idée néanmoins est toûjours réelle & modifiant, l'ame actuellement. D'où il suit, que l'infini éxiste, puis que son idée éxiste, comme je l'ay déja fait voir.

C'est une chose étrange qu'un Philosophe prouve tout le contraire de ce qu'il prétend prouver, & c'est pourtant ce qui arrive à Monsieur Regis. *L'être en général*, dit-il, *n'est qu'une notion générale formée de la notion des êtres singuliers : & partant l'être en général n'éxiste que dans l'entendement.* Si cela est ainsi, ou il n'y a point de realité objective de l'infini, ou ce que Monsieur Regis appelle infini, n'est qu'un être particulier. Car il est évident que tout ce qui est formé de choses singulieres est singulier. L'étourdissement, par exemple, qui est composé d'un grand nombre de sensations particulieres de l'ame, est un sentiment singulier. Donc ce que Monsieur Regis appelle l'être en général n'est qu'un être particulier. Si ce n'est pas un être singulier, je soûtiens, que c'est l'être indéterminé, & que cet être indéterminé ne peut être que l'infini. Donc l'être infini, selon Monsieur Regis,

Rép. à M. Hüet pag. 141.

n'éxiste que dans l'entendement, & n'a point par consequent de réalité objective.

Mais par quel artifice Monsieur Regis sçait-il faire de plusieurs idées particulieres une idée générale ? Tire-t'il de son fond la généralité, lui qui est un être singulier ? Assurément, tout Philosophe qu'il est, il ne distingue pas bien l'idée de la généralité ; le peu d'attention qu'il y apporte le jette dans l'erreur. Qu'il y soit attentif un moment, au lieu de juger qu'il donne l'être à la généralité par la multiplication des idées des creatures, il jugera qu'il borne en quelque sorte la généralité toûjours presente à son esprit, en la joignant à ses idées particulieres. Mais il y a bien de l'apparence qu'il ne veut point se détourner de sa cause exemplaire.

System. Metaph. pag. 81. *Si je ne sçavois*, dit-il, *que toute idée doit avoir une cause exemplaire qui contienne formellement toutes les proprietez que cette idée represente, je serois bien assuré que j'aurois l'idée du Soleil ; mais je ne pourrois pas conclure de là, que le Soleil exiſtât, parce que je ne connoîtrois aucune liaiſon neceſſaire entre mon idée & ſon éxiſtence.* On a vû que c'eſt ſur le même raiſonnement qu'il fonde l'exiſtence de Dieu, & que ſa cauſe exemplaire eſt une chimere de ſon eſprit. On a vû que l'idée eſt elle-même l'objet de l'eſprit, & un objet indépendant de toute creature. Monſieur Regis devroit donc ceſſer de philoſopher en l'air, & d'affecter un langage qui ne peut en flattant les préjugez que le maintenir dans ſes erreurs.

Pourquoi, dit-il, encore, que *ſi Dieu n'étoit, ni corps, ni eſprit, nous n'en aurions point d'idée?* Cette déciſion ne fait pas d'honneur à l'être parfait; & je ſoûtiens mêmes qu'elle en détruit l'exiſtence. Dieu n'eſt point corps, & il eſt plus au deſſus des eſprits, que les eſprits ne ſont au deſſus des corps. Il eſt l'être ſans reſtriction, l'être indeterminé, l'être infini, qui renferme en ſoi toutes les perfections des corps & des eſprits,

Rép. à M. Hüet pa. 245.

mais qui n'eſt ni corps, ni eſprit: Il eſt l'être en un mot, dont l'idée nous pénetre, quoique nous ne puiſſions le comprendre, ni exprimer ce qu'il eſt.

D'ailleurs, quelle eſt l'idée que Monſieur Regis a des eſprits? Je lui ſoûtiens, & je lui prouverai dans la ſuite, qu'il n'a idée de ſon ame qu'en ce ſens qu'il éprouve en lui-même une ſuite de ſentimens & de pensées qu'il voit clairement n'être point des proprietez de la matiére. Et s'il ſçait qu'il y a d'autres eſprits que ſon ame, ce n'eſt que par conjecture, ou par la revelation qu'il en a reçûë; d'où il ſuit, qu'il n'a de Dieu nulle idée philoſophique, s'il eſt vray qu'il ne le connoiſſe que par l'idée qu'il a des eſprits.

Monſieur Duhamel prétend lui prouver par une autre raiſon, qu'il
Reflex. pag. 181. n'a point d'idée de Dieu. *Vne idée eſſentielle*, dit-il, *emporte un amour eſſentiel: & peut-on concevoir que celui qui aime Dieu puiſſe pecher?*

Monsieur Duhamel trouve qu'il est étrange d'aimer Dieu & de pecher. Il a raison. Mais qu'il y pense un peu, il verra que s'il peche, ce n'est pas, parce qu'il n'aime point Dieu, mais seulement, parce qu'il n'aime pas Dieu plus que toute autre chose, & qu'ainsi, il n'y a point de danger pour la foi humble & tremblante dans la Philosophie Cartésienne.

Je croi qu'aprés cela, il n'est pas necessaire d'examiner les idées particulieres que Monsieur Regis s'est faites de l'être infiniment parfait. Car un homme imagine ce qu'il lui plaît ; & on ne peut retenir son imagination. Il faut attendre qu'il s'explique lui-même avant que de se donner la peine de refuter tout ce qu'il dit.

CHAPITRE III.

Que les veritez de la Religion & des Sciences parfaites doivent être apuïées sur des idées immuables. Monsieur Regis renverse & la Religion & les Sciences parfaites.

TOut le monde convient, que les Sciences doivent être fondées sur des principes certains & invariables; & que si la Morale n'a des reglés fixes, il est impossible que la Religion se soûtienne. Voici ce que Monsieur Regis en pense. *Dieu*, selon cet Auteur, *ne voit pas toutes choses dans ses propres perfections; mais dans sa volonté comme dans leur modéle: & il n'y a rien de possible ni d'impossible que ce que Dieu a rendu tel par sa volonté.* Il croit apparemment relever beaucoup, par ce discours la puissance de Dieu. Mais si les volontez divines nous sont inconnuës, comment pourrons nous sçavoir si une chose est possible ou

Systém. Metaph. pag. 90.

impoſſible, vraye ou fauſſe, juſte ou injuſte ? On pourroit peut-être dire, que Dieu nous a revelé les veritez de Morale ; mais les a-t'il revelées aux Payens qui les connoiſſent comme nous ? A-t'il revelé à quelqu'un les veritez des ſciences humaines. Monſieur Regis a-t'il quelque objet repreſentatif de cette volonté qui fait ainſi les choſes de la nature qu'il lui plaît ?

C'eſt apparemment un ſentiment de Religion qui le retient. S'il diſoit, que *Dieu voit les creatures en conſiderant les perfections qu'il a qui s'y rapportent*, *il craindroit de faire dependre l'eſſence de Dieu, qui eſt toute parfaite, des choſes qu'elle repreſenteroit comme les portraits dépendent de leurs cauſes exemplaires.* Et s'il diſoit qu'il y a un certain ordre que Dieu ſuit par la neceſſité de ſon être, il craindroit, *de juger de Dieu comme il juge de lui-même, & de mettre de la dépendance dans l'être parfait, telle qu'elle ſe trouve dans la creature.* Syſtem. Metaph. ibid. Ibid.

Mais peut-être ceſſeroit-il d'avoir la conſcience ſi délicate, s'il vouloit considérer, 1° Que les idées des créatures ne sont point des portraits, mais des originaux ou des modéles que Dieu voit & connoît avant qu'il y ait des créatures, puis qu'il forme tous les êtres particuliers sur ces modéles. 2° Que si Dieu obéït à un certain ordre, il n'obéït qu'à sa propre sagesse, qu'à lui-même, qui ne peut voir ailleurs que dans sa substance, les perfections & les raports de perfection de tous les êtres, & créés & possibles.

Lisez le ch. 20.

Dieu pourroit-il aimer le plus, ce qui est le moins parfait ? Est-ce une impuissance selon l'idée que nous en avons, que de ne pouvoir aimer chaque chose, que selon le dégré de perfection qu'elle a ? Si les termes *d'impuissance* ou de *dépendance*, font de la peine à Monsieur Regis, qu'il ne s'en serve pas, qu'il change ses manieres de parler ; Mais qu'il sçache que rien n'est si divin, qu'une impuissance de cette sorte, qu'elle est le caractére de la divinité, & que sans elle il ne peut y avoir d'être parfait.

Il est vray, que ce Philosophe, après avoir soûtenu que Dieu n'a point d'autre régle, que sa volonté, avouë que *cette volonté n'est jamais dépourvuë de connoissance.* Mais, ou cette connoissance est préalable à la volonté, ou elle ne l'est pas. Si elle est préalable, voilà le grand systême renversé; Car Dieu voudra toûjours agir, suivant ses connoissances & ses idées. Si elle n'est pas préalable, il est évident qu'elle ne peut servir de rien, puis qu'en ce cas, c'est la volonté qui régle tout. System. Metap. pag. 92.

Mais si en me servant du principe de Monsieur Regis, je lui disois que les corps sont plus nobles que les esprits, que la nature n'est point corrompuë, que les plaisirs des sens sont préferables à ce qu'on appelle *Vertu*, Il me répondroit que Dieu a mis le prix aux choses, & qu'il a voulu que les hommes se conduisissent de telle maniere. Mais où voyons nous cette volonté? Croirai-je un homme sur sa parole, dans des chóses qui me regardent de si prés? Où en sommes - nous s'il faut laisser - là cette lumiere, qui éclaire tous les esprits attentifs, cette Loy qui parle au cœur de tous les hommes, pour recourir à une volonté dont nous n'avons aucune connoissance? Je ne sçaurai plus si les trois angles d'un triangle sont égaux à deux droits, si deux, trois & quatre ajoûtez ensemble font neuf, s'il faut que j'aime plus mon ami que mon chien. On me renvoye à une volonté libre & indépendante qui régle tout comme il lui plaît; & on ne me montre point qu'elle ait réglé aucune chose de ce que je voudrois sçavoir. Voilà donc tout en confusion, plus de certitude dans les sciences, plus de régle dans les mœurs, plus de Religion, plus de justice. Mais c'est en vain que Monsieur Regis s'éfforce d'éteindre la lumiere naturelle, elle découvrira toûjours à chacun de nous, des véritez qu'on voit bien que Dieu ne peut pas ne point voir; des Loix qu'on voit bien qu'il ne peut pas ne point suivre, & ausquelles toutes les Intelligences sont obligées de se soûmettre. Ainsi, les sciences éxactes ne recevront jamais aucune atteinte ; & ce que la Religion nous enseigne, demeure absolument inviolable.

Monsieur Hüet avoit accusé Monsieur Descartes, de n'avoir aucune régle certaine pour connoître la verité. Rien ne pouvoit être plus favorable à cette accusation, que ce que dit Monsieur Regis dans son Systême, & ce qu'il va dire dans sa Réponse.

Censura Philos. Cartes.

Monsieur Hüet dit, que Monsieur Descartes prend pour son *Critérium*, tantôt la lumiere naturelle, tantôt la pérception claire, tantôt l'évidence, & tantôt la connoissance de la chose, tirée de la chose même. D'où il suit qu'il n'a point de régle fixe & certaine.

Monsieur Regis répond à cela * que la lumiére naturelle ne diffère point, ni de la pérception claire, ni de la connoissance de la chose tirée de la chose même ; & que Monsieur Descartes a donné indifféremment le nom de lumiere

* Rép. à M. Hüet pag. 83.

naturelle à toutes ces choses.

Rép. à M.Hüet pag. 85. *Quand*, dit-il, *Monsieur Descartes par la lumiere naturelle, entend la faculté qui aperçoit clairement, il en parle comme d'une chose qui agit & qui régarde un objet : au lieu que quand il entend la pérception claire, il en parle comme de l'action, par laquelle la lumiere naturelle regarde cet objet.*

C'est donner beau jeu à Monsieur Hüet, car pour peu que le Prélat presse le prétendu Cartésien, en lui demandant ce que c'est que *la faculté qui aperçoit*, si c'est un mode ou une substance ; & ce que c'est que l'action de la lumiere naturelle, Monsieur Regis sera au bout de ses finesses ; & Monsieur Hüet aura le plaisir de voir un Cartésien, c'est à dire, un ennemi de ce qu'on appelle *facultez*, faire plastron d'une faculté chimérique, & tomber avec sa faculté.

Ibid. *La véritable raison*, ajoûte Monsieur Regis, *pour quoi nous sçavons que ce que nous connoissons par la lumiere naturelle est vray, c'est que la propriété qu'ont les idées simples &*

& naturelles de répréſenter une choſe plûtôt qu'une autre n'eſt pas un pur rien ; & partant qu'elle ſuppoſe une cauſe exemplaire, qui contienne formellement toutes les perfections, que ces idées répréſentent.

Or ſelon Monſieur Regis, les créatures ſont les cauſes exemplaires des idées. C'eſt donc parce qu'il y a des créatures que nous ſçavons, que ce que nous connoiſſons par la lumiere naturelle eſt vrai. Ne voilà t'il-pas la lumiére naturelle bien relevée ? Puis que la proprieté qu'ont les idées de répréſenter une choſe plûtôt qu'une autre n'eſt pas un *pur rien*, Monſieur Regis devoit expliquer clairément & ſans équivoque, d'où viennent ces idées, & comment elles ont cette proprieté. C'eſt, ſi je ne me trompe, ce que demande Monſieur Hüet, lors qu'il dit, que Monſieur Deſcartes n'a jamais expliqué ce que ſignifie le mot d'idée.

Il eſt vray, qu'il ne l'a jamais expliqué nettement ; & ce peu d'exactitude eſt apparemment ce qui a mis le deſordre dans la Philosophie de Monsieur Regis, qui n'a pas eû assez d'attention pour se former sur ce grand Philosophe.

Ibid. *Par le mot d'idées*, dit-il, *Monsieur Descartes a entendu les pérceptions de son esprit. Or qu'est-ce qu'une pérception de l'esprit, qu'une certaine maniere de penser? Qu'est-ce qu'une certaine maniére de penser, qu'une modification de la substance qui pense? Et enfin qu'est-ce que cette modification de la substance qui pense, que l'image d'un objet imprimé dans l'esprit même?*

Les idées sont donc des images, selon Monsieur Regis: & ces images sont des modifications de son esprit. Mais une modification peut-elle être connuë sans la substance dont-elle est la modification? Et ne peut-on pas concevoir une image, sans penser à autre chose? De plus, la propriété de cette image, n'en est-elle pas une modification? Voilà donc une modification de modification? Monsieur Regis croit-il faire bien de l'honneur à Monsieur Descartes, de le borner à de si pitoïables idées ?

Il est évident, que Monsieur Hüet pourroit ici donner à Monsieur Regis cent coups aprés la mort. Mais plûtôt que de pousser à bout son adversaire, ses amis lui conseilleront de méditer un peu, sur ce que c'est que la lumiere naturelle, la pérception claire, & l'évidence. Il se mettra ainsi en état d'instruire son adversaire. Cela vaut mieux que de le battre.

Pour peu d'attention qu'il y apporte, il verra que la *lumiere naturelle*, est une substance qui éclaire immédiatement tous les Esprits, que cette lumiere est également présente à tous, mais que tous ne la contemplent pas également : D'où il arrive, que tous n'en sont pas également éclairez. Il verra que *la pérception claire & distincte*, est une modification de l'ame tournée vers cette lumiére éternelle : que la *clarté* & *l'évidence*, est cette lumiére même, entant qu'elle éclaire & convainc l'esprit : & que *la connoissance de la chose, tirée de la chose-même*, est celle qui naît de la contemplation des idées, qui ſont les Archetypes de toutes les créatures.

Si Monſieur Hüet connoît d'autres lumiéres, que cette lumiére immüable & éternelle, qui ſe répand dans nos eſprits, à l'occaſion de ce que nous regardons, de ce que nous liſons, de ce que nous entendons, & ſuivant nôtre attention, il nous fera plaiſir de nous en donner une notion claire & diſtincte. Car c'eſt ici une régle inviolable, de ne ſe rendre qu'à l'évidence, juſqu'à ce qu'il nous ait inſtruits, il voudra bien nous permettre de ne raiſonner que ſur ce que nous connoiſſons, & de dire, que toute la lumiére que Dieu nous communique, en conſéquence des Loix de la nature eſt *une lumiere naturelle*.

De ce que les Pyrrhoniens & Monſieur Hüet doutent, que *l'évidence* ſoit la marque de la vérité, Monſieur Duhamel * en forme un grand préjugé contre le *Critérium* Cartéſien. *Nos Myſtéres*, dit-il, *ont le caractére de la vérité, & pourtant ils ne ſont pas évidens.*

*Reflex. pag. 17. & 18.

L'évidence est commune à la vérité & à la fausseté : & que sçavons nous si Dieu a voulu que l'évidence fût une régle certaine ?

La solidité de ces raisonnemens est palpable. Le doute des Pyrrhoniens & celui de Monsieur Hüet, portent un grand coup. L'autorité divine, étant le caractére de la vérité de nos Mystéres, il se pourroit bien faire, que l'autorité d'Aristote fût celui de la verité d'une opinion Philosophique. La fausseté & rien sont une même chose : mais c'est un rien, qui quelquefois, selon Monsieur Duhamel, est évident. Dieu qui peut vouloir l'impossible, selon Monsieur Regis, peut, selon Monsieur Duhamel, avoir voulu être trompeur, & se moquer de nous, en nous donnant pour évidemment vrayes, des choses évidemment fausses.

Peut-être qu'aprés des réflexions si dignes d'un Téologien Licentié Monsieur Duhamel voudra bien nous marquer le *Critérium*, qui lui est d'un si grand usage, je veux dire, nous découvrir le sécret qui le fait raisonner si juste.

Que les idées soient semblables aux choses, & qu'on puisse assurer d'une chose ce qui est contenu dans son idée, c'est encore ce qui ne lui paroît pas soûtenable. Les
Reflex. 27. *Scolastiques*, dit-il, *n'attribuent à la chose qu'une ressemblance intentionelle, & non pas réelle; & en même tems conviennent que cette ressemblance est impropre.*

Il n'y a pas le mot à dire, puisque les Scolastiques ont decidé: & les Cartésiens sont mal dans leurs affaires, s'il faut qu'ils montrent, comme Monsieur Du-
* Pag. 30. hamel les y veut obliger, * que les modifications de leur ame sont semblables à des mouvemens & à des figures. Ils n'en viendront jamais à bout. Mais s'ils venoient à montrer que les idées qui representent les figures & les mouvemens ne sont pas des modifications de leur ame; les Scolastiques seroient-ils fermes dans leur
* Reflex. pag. 31. décision? Oüy: Monsieur Duhamel y sera ferme. *Il n'y a*, dit-il, * *dans une idée que deux choses, sça-*

voir la vertu de modifier l'ame, & la vertu de repreſenter l'objet. Or ni l'un, ni l'autre ne convient à l'objet. Donc il n'eſt pas vray qu'on doit attribuer à la choſe ce qui eſt renfermé dans l'idée qui la repreſente. Cela eſt d'un ancien Profeſſeur qui prend bien le ſens de ſes adverſaires, & qui a bien compris que l'idée n'eſt ſemblable à la choſe que parce qu'à la faveur de l'idée on connoît certaines proprietez de la choſe.

Si l'idée eſt la choſe même, en tant que connuë, Monſieur Duhamel accorde,* qu'en ce ſens, *l'idée de la choſe eſt parfaitement ſemblable à la choſe, parce qu'alors cette idée eſt la choſe même.* Cette maniere de Philoſopher eſt ſans doute la plus ſubtile. Il faut ne vouloir pas s'en tenir au témoignage des ſens pour ne s'en pas accommoder. Mais dans le cas que poſe Monſieur Duhamel, croiroit-il que la diſtinction ou difference des idées emportât la diſtinction des choſes, lui qui eſt ſi opposé à juger de la difference des choſes par la difference de leurs

* Pag. 33.

idées ? Il en aura tel sentiment qu'il lui plaira. Mais il se trouve engagé à nous apprendre comment il distingue l'ame qui ne tombe point sous les sens, d'avec le corps qui est palpable ; puisque chez lui, *l'idée n'est que la chose même entant que connuë.*

CHAPITRE IV.

Que nous n'avons point d'idée claire du mot de puissance. Monsieur Regis ne sçauroit expliquer clairement ce que c'est que puissance ordinaire & extraordinaire.

C'Estoit peu pour Monsieur Regis d'avoir avancé que Dieu n'a point d'autre régle que sa volonté, il falloit qu'il nous donnat une haute idée de cette même volonté. Pour cela il fait main-basse sur les *volontez générales*, sur *les volontez particulieres*, sur les *volontez antecedentes*, sur les *volontez consequentes* : & nous apprend * à tous, que *Dieu agit par*

* Syſtem. Me-

une volonté simple, éternelle, & immuable. Car, dit-il, *Dieu ne veut pas la pluye & le beau tems par deux volontez particulieres : au contraire la pluye & le beau tems, quelque opposition qu'il y ait entre eux, sont les effets d'une seule & méme volonté, par laquelle Dieu veut que la pluye succede au beau tems, & le beau tems à la pluye.* Monsieur Regis ne songeoit peut-être pas, que tout le monde sçait bien, que Dieu veut que la pluye succéde au beau tems, le jour à la nuit, & la mort à la vie. Il faut l'en faire souvenir, & le prier de nous apprendre comment une seule & même volonté produit des effets si contraires. C'est cela dont il s'agit, & sur quoi la Philosophie se peut exercer.

taph. cap. 93.

Mais que pourra nous dire Monsieur Regis, s'il persiste à ne se pas vouloir accommoder des volontez générales ? A-t'il bien reconnu, que par ces volontez on n'entend autre chose qu'une seule & même volonté déterminée par les causes qu'on appelle *Secondes*, causes dont Dieu a fait l'enchaînement, dont il a prévû & comparé tous les effets, & par lesquelles, il a connu qu'il éxécuteroit dignement ses desseins? C'est par là qu'on conçoit que pendant que les choses humaines sont dans un changement continuel, la conduite de Dieu est toûjours la même, & l'ordre de la Providence toûjours égal. Si Monsieur Regis a de meilleurs moyens pour nous faire connoître cette uniformité admirable de la conduite de Dieu dans la varieté des avantures de la vie & des effets naturels, on l'écoutera volontiers.

De la volonté, il vient à la puissance de Dieu, & il en parle
System. Metaph pag. 93. en ces termes. *Je suis obligé de reconnoître en Dieu comme deux puissances, l'une par laquelle il agit d'une maniere que je puis concevoir, l'autre par laquelle il agit d'une façon que je ne sçaurois comprendre.*
Pag. 94. Et plus bas. *Sçachant d'un côté par la raison que les loix de la nature sont immuables; & de l'autre par la revelation divine que Dieu a*

changé une verge en serpent, je serai obligé de recevoir ces deux veritez comme tres-constantes, bien que je ne puisse pas concevoir comment elles s'accordent ensemble.

Je voudrois que Monsieur Regis m'expliquât sa pensée. Prétend-t'il que la verge de Moïse fut changée en serpent par les lòix de la nature? Ou bien prétend-t'il mieux concevoir la maniere dont Dieu remuë un fêtu, que la maniere dont il change une verge en serpent? Le premier est une impieté, & le second est une erreur des plus grossieres. On conçoit bien que la volonté de Dieu est efficace par elle-même, parce qu'il y a contradiction qu'il n'y ait pas une liaison necessaire entre ce que veut un être infiniment parfait, & les effets de cette volonté: mais comment cette volonté est necessairement suivie de ses effets, c'est ce que l'esprit humain ne peut comprendre, quelque ordinaires & communs que soient ces effets.

Il est vray que Dieu exerce par plusieurs voyes sa puissance. Tantôt il l'exerce immediatement, & par lui-même, comme quand il donna aux Juifs la loy Morale : ce qui nous est assez marqué par cette expression, *Digito Dei.* Tantôt par le ministére des Anges, comme quand l'armée de Sennacherib fut défaite; tantôt par les loix de la nature, comme quand il sort une tulippe d'un oignon, ou qu'un animal en produit un autre : mais toûjours d'une maniére que nous ne pouvons concevoir, & toûjours divinement.

Il est permis à Monsieur Regis de diviser la puissance de Dieu en puissance *ordinaire* & en puissance *extraordinaire* à raison des differentes voyes par lesquelles elle produit ses effets. Mais ne lui en déplaise, ses distinctions ne passeront pas, lorsqu'elles ne feront que broüiller au lieu d'éclaircir la matiére. *Je puis comprendre*, dit-il ailleurs, * *les raports qui sont entre le serpent qui produit & celui qui est produit : & je ne puis comprendre les raports qui sont entre le serpent & la verge.* C'est sur cela

* Syste. Metaph. pag. 104.

qu'il fonde sa distinction de puissance *ordinaire*, & puissance *extraordinnire*.

Mais qu'entend-t'il par ces raports qu'il comprend, & qu'il ne comprend pas ? Veut-il dire qu'il comprend mieux que Dieu avec une certaine portion de matiére puisse former un serpent qu'avec toute autre portion de matiére, ou par le moyen d'une cause seconde, que sans cause seconde ? Veut-il dire qu'il comprend la formation ordinaire des serpens, parce qu'un serpent ressemble à un autre serpent ? Qu'il entende ce qu'il voudra par ce terme de *raport*, il trouvera par tout, que la puissance de Dieu est également incomprehensible & dans la production des effets *ordinaires*, & dans celle des effets *extraordinaires*.

Monsieur Hüet avoit attaqué fortement le sentiment de Descartes touchant la puissance de Dieu ? Monsieur Regis lui répond. * *Quand Monsieur Descartes auroit dit, que Dieu peut faire que*

Censura Philos. Cartes.

* Rep. à M. Hüet p. 132.

deux ajoûtez à deux, ne fassent pas quatre, & que le tout ne soit pas plus grand que sa partie, cela ne devroit être entendu que de la puissance de Dieu extraordinaire, par laquelle il peut faire des choses que nous ne sçaurions concevoir.

Appellera-t'on cela, défendre Monsieur Descartes ? Convenir que Dieu peut faire par sa puissance extraordinaire, que deux & deux ne fassent pas quatre, n'est-ce pas avoüer que peut-être un jour, deux & deux ne feront pas quatre, & que peut-être le tout ne sera pas plus grand que sa partie ? Car enfin, Dieu employera sa puissance extraordinaire quand il lui plaira ; & nous ne sçavons pas s'il lui plaira de l'employer ou non. Qui peut donc s'assûrer, que les raports des lignes & des nombres soient toûjours les mêmes qu'ils sont aujourd'hui ? Que les corps ne deviendront pas plus nobles que les Esprits ? Que sçavons nous-mêmes, si Dieu ne l'a pas déja voulu ainsi ? Adieu donc l'Arithmétique, adieu la Géométrie, adieu la Morale, & la Métaphysique. Est-il nécessaire pour l'honneur de Monsieur Descartes, que toutes les Sciences soient renversées? Est-ce dans cette vûë, que Monsieur Regis dans son Systême marche pas à pas & avec précaution, qu'il semble se défier de tout, & ne vouloir entamer les questions, que par ce qu'elles ont de plus simple. Monsieur Hüet & Monsieur Regis, il faut l'avoüer, sont deux étranges hommes pour Monsieur Descartes. L'un l'accable sans quartier, pour peu qu'il le trouve à l'écart, l'autre ne lui prête la main, que pour l'exposer de plus en plus à l'ennemi. Avoüons à Monsieur Hüet, que Monsieur Descartes a dit nettement, que *Dieu peut faire, que deux ajoûtez à deux ne fassent pas quatre: & que le tout ne soit pas plus grand que sa partie.* Que s'ensuit-il de là? Que l'esprit de Monsieur Descartes, aussi-bien, que celui des autres hommes, ne s'est pas toûjours également soûtenu, qu'il n'a pas toûjours examiné suffisamment les questions particuliéres, & qu'il a supposé, que des Lecteurs intelligens s'attacheroient principalement à ses principes, pour corriger mêmes ses écrits, quand il s'y seroit glissé quelque erreur. N'est-il pas fort surprenant, que Monsieur Descartes ne faisant attention qu'à la puissance de Dieu, ait dit sans exception, que Dieu fait tout ce qu'il lui plaît, & que rien ne lui est impossible ? Dans un autre tems, faisant attention à la sagesse Divine, il auroit excepté les choses, dont les idées sont opposées. Car il avoit assez de pénétration pour connoître, que Dieu voulant de telles choses, seroit contraire à lui-même. Il n'y a pas pensé. N'est-ce pas un grand avantage pour Monsieur Hüet ?

Il feroit mieux, ce me semble, de rire un peu de la pensée de Monsieur Regis, qui fait dire à Descartes,* *que s'il songe en hyver cüeillir des Roses, il lui paroît clair en songeant qu'il croit en cüeillir : mais non pas qu'il en cüeille effectivement.*

* Rép. à M. Hüet p. 132.

C'eſt un dénoüement, dont il faut laiſſer tout l'honneur à Monſieur Regis. Car le ſentiment de Deſcartes eſt, qu'un homme qui ſonge cüeillir des Roſes en hyver, a des ſentimens auſſi réels de *Roſes* & de *cüeillir*, que celui qui en cüeille en effet dans le Printems, puiſque les traces de *Roſes* & de *cüeillir*, ſont renouvelées dans ſon cerveau, & qu'en ſuite de ce renouvelement, il reçoit les idées qui ſont liées à ces traces. Mais il n'a jamais penſé, comme le lui attribuë Monſieur Hüet, qu'il y eût des Roſes pour cela, & que cét homme en cüeillit; puis que mêmes l'éxiſtence des Roſes n'a point de liaiſon néceſſaire avec les idées qui les répréſentent à ceux qui veillent: ce qui fait, que ſi nous ne pouvons pas douter de ce que nous voyons de nos yeux, c'eſt par d'autres raiſons, que celle de la liaiſon de l'idée & de l'éxiſtence de la choſe. *Cenſurâ Philoſ. Carteſ.*

Monſieur Hüet & Monſieur Regis, ſçauront donc, qu'un homme qui ſonge cüeillir des Roſes en hyver, se trompe, non pas dans le sentiment qu'il éprouve, mais dans le jugement qu'il fait, qu'il y a des Roses & qu'il en cüeille : jugement naturel & inévitable à un homme, que le sommeil prive de l'usage de sa liberté.

CHAPITRE V.

On démontre, que la possibilité & l'impossibilité des choses, ne dépendent pas des décrets de Dieu. Que, selon Monsieur Regis, le monde est éternel.

System. Metap. pag. 94. Dieu, dit Monsieur Regis, *étant un être simple, ou pour mieux dire un acte pur, il ne peut avoir aucune puissance qui soit, ni qui puisse être séparée de l'acte.* Il s'ensuit delà, que l'Enfant qui vient de naître, est de toute éternité. Car Dieu certainement de toute éternité a eû la puissance de nous faire ce que nous sommes. Un autre que Monsieur Regis, distingueroit les décrets divins, de la volonté éxécutrice de Dieu, mais cette distinction ne l'accommode pas. *La volonté de Dieu*, dit-il, *est éternellement agissante.* D'où il suit, que Dieu n'ayant jamais été sans sa volonté, tous les corps & tous les Esprits, sont de toute éternité comme Dieu même. System. Metap. pag. 95.

Il est vrai que les décrets divins sont nécessairement efficaces en ce sens, que Dieu ne peut manquer de faire ce qu'il a resolu, & que tout ce qu'il fait, concourt à la fin qu'il s'est proposée : mais qu'en tout autre sens, la puissance de Dieu ne soit pas séparée de l'acte, c'est ce qu'on ne peut s'imaginer, que faute d'attention aux perfections divines.

Cependant Monsieur Regis met tout en usage pour le prouver. Il dresse à la maniére des Enfans, plusieurs cartes prés l'une de l'autre ; & de ce qu'en poussant du doigt la premiére, il fait tomber la derniére, il conclût par analogie, que Dieu fait toutes choses ensemble, & qu'il n'y a rien d'ancien ni de nouveau. System. Metap. pag. 95.

Mais s'il est permis de se joüer

un peu avec Monsieur Regis, on lui fera voir, 1° Que bien qu'en poussant la premiere carte, on fasse ce qu'il faut faire pour faire tomber la derniere, il est faux néanmoins que celle-ci tombe dans cét instant, 2° Que cette suite de cartes qui tombent, ne peut tout au plus que répréſenter grossiérement; que toutes les avantures de nôtre vie, tous les effets de la nature & de la grace, ont leur disposition dans la préſcience Divine, & qu'un évenement a raport à tous les autres, que Dieu a comparez entr'eux, & par lesquels il doit achever son ouvrage.

Tout cela malheureusement ramene aux volontez générales, qui ne plaisent pas à Monsieur Regis, & qu'il n'entend guére. Mais quand mêmes, suivant ses volontez, la derniere carte seroit tombée dés l'instant, que Dieu a imprimé du mouvement à la matiére, il lui resteroit toûjours à nous montrer, comment, & en quel sens la volonté qui la fait tomber est *éter-*

nellement agissante. Car il ne suffit pas de parler, il faut donner quelque idée de ce qu'on dit.

Monsieur Regis, dit cavaliérement, *que la volonté de Dieu n'est point indifferente à l'égard de quelque chose* . . . . . *Que si Dieu cessoit d'être déterminé, il cesseroit d'être parfait* . . . . . *Que les causes qu'on appelle occasionnelles, supposent en Dieu une indétermination, qui est incompatible avec son immutabilité.* Est-ce ainsi qu'il prétend Philosopher? Veut-il dire, que Dieu n'est point indifférent à vouloir ou à ne pas vouloir produire quelque chose au dehors? System. Metap. p. 90..... Ibid..... p. 110.

Veut-il dire, qu'il répugne à l'immutabilité de Dieu, que sa volonté une & simple en elle-même, s'accommode à une infinité de mouvemens, de pensées ou de sentimens prevûs, comparez ensemble, & tous éxactement ajustez à une même fin? Que Monsieur Regis s'explique, s'il veut qu'on se soûmette à ses sentimens. Cependant éxaminons encore les grandes idées qu'il a de la volonté de Dieu.

Personne n'a jamais douté, que la possibilité des choses, consiste dans le pouvoir que Dieu a de former des êtres, conformément aux idées éternelles qu'il a : & que leur impossibilité consiste, ou dans l'union que ces idées ont entr'elles, qui fait qu'elles ne se peuvent separer, ou dans leur oposition qui fait qu'elles ne se peuvent joindre. Monsieur Regis trouve que ce n'est pas bien penser.

System. Metaph. pag. 102. *Dieu*, dit-il, * *a produit la possibilité & l'impossibilité des choses par la même action par laquelle il a créé le corps & l'esprit capables ou incapables de recevoir certains modes.* D'où il conclut, que la possibilité ou l'impossibilité des êtres modaux (c'est ainsi qu'il appelle par exemple, le *corps & l'esprit*) n'a pû être devant le decret de Dieu.

Pour moi, je ne connois pas qu'un homme raisonnable puisse raisonner de cette sorte. C'est donc, selon Monsieur Regis, la volonté de Dieu qui fait, qu'il est impossible, *qu'une chose soit & ne soit pas en même tems, qu'un bâton n'ait pas deux bouts, ou que le tout ne soit pas plus grand que sa partie.* Mais si Dieu avoit voulu, *qu'un bâton n'eût pas deux bouts:* ou *que le tout ne fût pas plus grand que sa partie*, que seroit-ce que le *Tout?* Et comment seroit fait un bâton? Si Dieu n'a point eu d'idée sur laquelle il ait formé l'étenduë, Monsieur Regis en a une, sur laquelle il peut juger sûrement des proprietez de la matiére. Qu'il nous découvre donc un peu la figure d'un bâton sans deux bouts. *Tout cela*, dit-il, *sont des chimeres que Dieu ne peut pas faire.* Tout beau: la puissance *extraordinaire* n'est-elle plus contée pour rien? Dieu ne les veut pas faire ces chimeres, je le veux. Mais d'où vient que la puissance de Dieu lui manque à cet égard? si ce n'est parce que ses idées y repugnent, idées dont l'union ou la division qu'on en veut faire lors qu'elles ne s'accordent pas, ou lors qu'elles sont inseparables, fait ce que nous appellons des *chiméres.*

System. Metaph. pag. 103.

Ibid.

On demeure d'accord, que telle ou telle ſubſtance ne peut recevoir que certains modes. Mais d'où vient cela, ſi ce n'eſt de ce que leur eſſence eſt telle ou telle ? Et où Dieu voit-il cette eſſence, ſi ce n'eſt dans les idées éternelles qui lui repreſentent ces ſubſtances, idées auſquelles il faut qu'il ſe conforme s'il veut produire quelque choſe au dehors. Sans cela il eſt clair, qu'au lieu de corps il feroit des eſprits, & qu'au lieu d'eſprits, il feroit des corps, ou qu'il confondroit les deux eſſences. N'eſt-ce pas avoir une haute idée de Dieu que de le mettre en cet état ?

Ce n'eſt pas faire tort à Monſieur Regis, que de dire qu'il en eſt là. Selon lui, * *toutes les ſubſtances ſont également parfaites en elles-mêmes.* Si cela eſt ainſi, je lui ſoûtiens que le corps & l'eſprit, qui ſont ſes *êtres modaux*, ſont également parfaits. Car enfin quelque effort que faſſe Monſieur Regis, il ne diſtinguera jamais la pensée de la ſubſtance qu'on appelle

* Syſt. Metaph. pag. 100

pelle *Esprit*, ni l'étenduë de la la substance qu'on appelle *Matiére*, puisque la pensée & l'esprit sont absolument la même chose, & que l'étenduë & la matiére sont la même chose aussi. D'où il suit, que si toutes les substances sont également parfaites en elles-mêmes, on ne peut plus découvrir par la raison que l'esprit soit plus noble que le corps.

Ce seroit peu, que les substancet fussent également parfaites en elles-mêmes, il faut encore, selon Monsieur Regis, * qu'elles soient aussi anciennes que la volonté de Dieu, *parce que cette volonté est éternellement agissante.* Il n'ose pourtant dire, que ces substances, dont le monde est fait, soient éternelles. Elles ne sont, dit-il, que *perpétuelles.* * Et si on lui dit, que ce n'est que changer le nom, & qu'on ne concevra jamais que des substances que la volonté de Dieu a toûjours créées ne soient pas éternelles. *Il suffit*, répond-t'il, *qu'elles soient dépendantes & capables de changement pour*

* Syst. Metaph. pag. 93.

* pag. 109

ne pouvoir prétendre au titre d'éternelles. Il ne s'agit donc que du *titre*, & non pas de la chose. Mais qui lui a dit, qu'étant aussi anciennes que la volonté de Dieu, elles ne peuvent prétendre à ce titre? Leur généalogie leur donne droit devant Dieu & devant les hommes. Voilà donc le monde aussi ancien que Dieu même, éternel comme Dieu. Il ne sert de rien d'adoucir les termes, la dépendance qu'on lui attribuë ne se trouve point avec l'éternité. Tout est ouvert au Spinosisme.

CHAPITRE VI.

Que les Philosophes qui confondent l'étenduë avec son idée tombent dans des grands égaremens. On donne plusieurs exemples de cette verité.

COmme Monsieur Regis prétend soûtenir les sentimens de Descartes, & avoir pris parfaitement l'esprit de ce grand Philosophe, il veut répondre à tous les reproches de Monsieur Hüet. Le Prélat trouve mauvais que Descartes ait fait de l'étenduë l'essence de la matiére, & que selon lui l'espace, le lieu, le corps, & la matiére soient une même chose. *Comme il est nécessaire*, dit-il, *que tout corps soit en quelque lieu ou en quelque espace, si tout espace est corps, il faut que tout corps soit dans un corps.* Monsieur Regis répond, *Le corps est dans un lieu comme dans une chose dont il est distingué* MODALEMENT.... *Tout corps particulier est dans un corps en général comme l'individu est dans son espece.* La Réponse est claire & précise. Mais Monsieur Hüet est incommode. Il demande sans doute, si le *corps en général*, est un véritable corps; si c'est un corps qui ait des limites ou qui n'en ait pas; si c'est un corps visible & palpable; si c'est un corps qui ait des parties plus grandes & plus petites distinguées de celles dont le corps qu'il renferme est composé. Que peut répondre à cela Mr Regis?

Censura Philos. Cartes.

Rép. à M. Hüet pag. 261

Aprés avoir fait le monde *éternel*, il a fabriqué un *corps en général*, pour le faire *immense* & *infini*. Cela va de suite. Mais il ne prétend pas pour cela ôter à Dieu, la puissance de créer plusieurs mondes. Il est vray qu'il ne peut pas y avoir plusieurs infinis : mais ce que Dieu ne peut pas faire par sa puissance *ordinaire*, dit Monsieur Regis, * il le peut faire par sa puissance *extraordinaire*. Monsieur Regis sçait donc jusqu'où s'étend la puissance *ordinaire* de Dieu : & il sçait aussi, que lors qu'il plaira à Dieu, qui se sert de sa puissance *extraordinaire* quand il lui plaît, il y aura de l'étenduë au delà d'un monde infini. Il ne faut donc pas s'étonner aprés cela, si ses lumieres lui donnent de la confiance, & si pour faire valoir l'immensité de son monde, il prend le ton de Prédicateur.

* Rép. à M. Hüet pag. 265

C'est avoir, dit-il, *pour Dieu un faux respect que de croire qu'on doit étendre sa puissance sur les choses que nous pensons connoître au delà de celles qu'il a produites actuellement.*

Rép. à M. Hüet pag. 263

Nous ne prenons pas garde que ce n'est rien faire pour Dieu, que de donner des objets chimériques à sa puissance. Il lui est glorieux d'avoir produit un plus grand nombre de créatures que nous n'en pouvons concevoir. C'est une espece de témerité de dire que Dieu, dont la puissance est infinie, a fait moins de créatures que nous n'en pouvons concevoir.

Monsieur Regis a prêché ; & sa religieuse Rhetorique peut imposer. Mais Monsieur Hüet ne se laisse pas ébloüir. Il ne veut point *donner d'objet chimerique à la puissance de Dieu.* Mais il demande comment un monde corporel, immense, & infini, qui ôte à Dieu tout pouvoir d'en créer un second, est digne de Dieu. Il demande comment, *c'est avoir pour Dieu un faux respect*, que de penser qu'il peut faire toûjours de plus beaux & de plus beaux ouvrages,& les multiplier tant qu'il lui plaît. Il demande, comment c'est *étre temeraire* que de croire que toutes les creatures que Dieu a faites n'ont point épuisé ſa puiſſance , & que quelque nombre qu'il en ait fait, il en peut faire toûjours , & toûjours un plus grand nombre. Monſieur Regis l'eclaircira s'il le juge à propos.

Mais quand il ſera quitte avec Monſieur Hüet , il ne le ſera pas avec le public , qui lui demande l'explication de ces propoſitions : *Que le monde n'a pas été crêé du néant*, ſi ce n'eſt en ce ſens , *que le monde dépend de Dieu comme de ſa cauſe efficiente ; & que Dieu n'a eu beſoin pour le produire du ſecours d'aucune creature..... Que bien que la matiére ne ſoit pas crêée du néant, il ne s'enſuit pas qu'elle ſoit égale à Dieu , ni qu'elle ſoit éternelle.* On veut ſçavoir , quelle eſt la cauſe ſubjective de la matiére , puiſque ſelon lui , elle n'a pas été créée du néant : on lui demande comment & quand elle a été créée: ou comment ayant toûjours été, elle n'eſt pas éternelle. Enfin on prétend qu'il montre , qu'en ſuivant ſa doctrine on peut ne pas croire qu'il y a un *infini corpo-*

Rép. à M. Hüet pag. 266

pag. 267.

rel, & une *matiére éternelle.*

Il voudra bien aussi, que je lui dise en passant, qu'en qualité de Cartésien, il ne devroit pas dire * que *la puissance de Dieu n'est jamais séparée de l'acte*, par cette raison, *que sans cela rien ne distingueroit cette puissance, de celle des créatures.* Ne sçait-il pas, que le grand principe de Descartes, c'est que Dieu *fait tout*, & qu'il ne partage en aucune maniére la puissance réelle avec ses créatures? Revenons aux difficultez de Monsieur Hüet, touchant l'essence de la matiére.

*Rép. à M. Hüet p. 266.

Ce qui fait qu'on se trompe ordinairement en parlant des espaces, c'est qu'on confond l'idée avec la chose, l'étenduë que Dieu a créée, avec celle qui est l'objet de l'ame.

Monsieur Regis aperçoit une étenduë infinie, il en conclût que Dieu a créé une étenduë infinie, des espaces infinis, qui ne différent point de la matiére. Monsieur Hüet trouve, que c'est une impieté de croire, qu'il y ait une matiére infinie & aussi ancienne que la Divinité, il en conclut, que ces espaces immenses qu'il aperçoit, font un grand vuide. Tous deux ne regardent la chose que d'un côté. Monsieur Descartes n'y fit pas aussi assez de reflexion. Comme il apercevoit par l'esprit, une étenduë infinie, il crut ne pouvoir dire autre chose, sinon, que le monde étoit *indéfini*. Ce terme n'est pas clair. Mais il s'en servit par respect pour la Religion, qui s'oppose, comme on a vû, aux suites de l'infinité du monde.

Ainsi, l'équité ne permet pas qu'on le blâme d'une chose, qui lui fait meriter qu'on le louë, puis qu'étant certain d'une part, que l'évidence ne peut être contraire aux principes de la Foi ; & de l'autre, voyant évidemment une étenduë infinie, il n'osa néanmoins l'appeller *infinie*, parce qu'elle lui sembloit matérielle, mais il l'appella *indéfinie*, comme s'il eût voulu marquer par ce terme, qu'il faut hésiter entre l'évidence & la Foi, & que l'une ne doit rien faire conclure contre l'autre ; qu'il faut hésiter, dis-je, jusqu'à ce qu'on ait trouvé le moyen de les accorder, se tenant toûjours ferme cependant aux Dogmes de la Foi.

Gassendi qui eut la même idée de l'étenduë, ne pouvant croire pour cela, que le monde fût infini, & d'ailleurs ne se contentant pas du mot *d'indefini*, imagina ce grand *vuide*, qu'il appelle *étenduë negative*, dans laquelle il place le monde. Pensée Chimérique, qui a les mêmes inconveniens que la premiére.

Car enfin, cette étenduë negative n'étant pas un néant, est une veritable étenduë, une étenduë locale. Or comment une substance spirituelle, telle qu'est l'ame, pourroit-elle être appliquée à des espaces localement étendus ? Et quand elle seroit matérielle, comment pourroit-elle étant finie, être appliquée à des espaces actuellement infinis, & en voir l'infinité ?

Ces raisons & plusieurs autres, ont fait reconnoître à ceux qui s'attachent plus aux régles de Monsieur Descartes qu'à ses paroles, & l'erreur de Monsieur Descartes même, & la chimére de Gassendi. L'opinion de l'un est fort différente de celle de l'autre : mais pourtant, elles ont une même source, qui est, que l'un & l'autre confondoient l'idée de l'étenduë, avec l'étenduë locale. On n'a pas plûtôt distingué ces deux choses, qu'on voit clairement, que Dieu peut créer mille & mille mondes, plus grands & plus grands, que celui que nous habitons non pas qu'il y ait des espaces pour les créer ; Car il n'y a point d'espace sans matiére, un esprit attentif n'en doutera jamais : mais parce que quelque nombre de mondes qu'il crée, il ne peut épuiser l'idée, sur laquelle il forme tous les corps.

Duhamel. Reflex. p. 203.

Monsieur Duhamel n'est pas d'humeur à laisser passer cette proposition, qu'*il ne peut y* AVOIR D'ESPACE SANS MATIÉRE.

Dieu, dit-il, *peut détruire ce qui est entre le Ciel & la Terre. Alors il y auroit un grand vuide.* Et il ne faut pas lui dire, qu'en ce cas, le Ciel & la Terre se toucheroient. *Car Dieu ne peut-il pas reproduire l'air, qu'il auroit détruit? Et afin que cet air reprît sa place, ne faudroit-il pas, que le Ciel & la Terre fussent dans la distance où ils étoient auparavant l'un de l'autre?* Voilà un argument pressant. Mais ne pourroit-on point répondre, que comme le Ciel & la Terre se seroient approchez, à cause qu'il n'y avoit rien entre l'un & l'autre, de même, ils se separeroient, à mesure que l'air réproduit se replaceroit entr'eux. Quand Monsieur Duhamel raisonne si solidement, ne prendroit-il point à son tour son idée, pour la chose même? Il voit un espace sans matiére; mais c'est un espace tout idéal. Cét espace suffit-il, pour séparer des corps l'un de l'autre?

Il est évident, qu'il faut qu'il y ait une autre sorte d'espace. Je demande à Monsieur Duhamel, de quelle nature ſera cet eſpace.

Au reſte, il ne montre pas trop-mal à Monſieur Regis, & à certains Cartéſiens, qu'ils ont tort d'aſſurer que le monde eſt *immenſe*. Ils aperçoivent une étenduë infinie. Mais cette étenduë eſt idéale.

Qui leur a dit, que l'étenduë créée n'a non plus de bornes que cette idée ? Il eſt vrai, qu'on ne leur peut démontrer qu'elle a des bornes : mais on a bien des raiſons pour croire qu'elle en a, & on n'en a point, pour ne le pas croire. C'eſt à quoi ils devroient un peu penſer.

Monſieur Hüet auroit pû ſe paſſer d'oppoſer la Foi, au ſentiment de Monſieur Deſcartes, touchant l'eſſence de la matiére. Jamais argument ne fut plus mal concerté, & ne ſentit plus la paſſion que celui-là. C'eſt un lieu commun, que les Cartéſiens mettront en uſage, quand il leur plaira, contre les Peripatéticiens. C'eſt un détour qui ne tend qu'à donner le change, ſi par la Philoſophie on veut expliquer, ce qui dans le fond est inexplicable, je veux dire, le Mystére de l'Eucharistie, on est prêt à démontrer, que le Peripatétisme gâte tout, & que par les principes de Descartes, il n'y a rien d'opposé à la raison dans ce Mystére.

Monsieur Duhamel * a bien des raisons pour n'en rien croire. 1° Ses Théologiens enseignent, que le Corps de JESUS-CHRIST est aussi entier soûs l'espéce du pain, qu'il est au Ciel. 2° Il est certain, selon lui, d'une certitude *approchante* de celle de la Foi, que JESUS-CHRIST est tout entier soûs chaque partie de l'espéce du pain ou du vin, avant mêmes qu'on en ait fait aucune séparation. 3° Parce que, selon lui, encore, on ne peut douter, que l'étenduë du pain ne demeure aprés la consécration.

*Reflex. pag. 195. 196. 197.

Voilà des raisons merveilleuses. Mais 1° y a t'il un Théologien assez stupide, pour ne pas voir, qu'un corps n'est ni plus ni moins entier ou parfait, pour avoir plus ou moins d'étenduë pourvû qu'il ait toutes ses parties intégrantes & organiques ? 2° Y en a t'il d'assez téméraire, pour faire un point de Foi, de ce qu'il s'imagine approcher de la Foi, & contre les paroles expresses du Concile, *Separatione factâ ?* 3° Y en a t'il d'assez prévenu pour ne pas voir, qu'on ne nie pas qu'il n'y ait une véritable étenduë aprés la consécration ? Mais quelle étenduë ? Voilà la question. C'est celle du Corps de JESUS-CHRIST, & non pas celle du pain, qui n'y est plus. Non pas que le pain ait été annéanti, comme le prétend * Monsieur Duhamel, avec une confiance, qui *approche* assez de *l'hérésie* ; mais parce qu'il a été changé au Corps de JESUS-CHRIST, & que conversion ou changement n'emporte pas destruction.

* Reflex. pag. 77.

CHAPITRE VII.

Origine des erreurs de Monsieur Regis.

LOrs qu'on est prévenu de ce sentiment, que *l'objet qui est présent à l'esprit, quand on contemple l'étenduë, est l'étenduë même ou la matiére* : & qu'on s'en fait un principe fixe, on ne peut éviter les excez de Spinosa, qui feignit que la substance de l'Univers n'étoit point différente de celle de Dieu ; & que tous les changemens qui arrivent aux corps & aux esprits, n'étoient que différentes modifications de la matiére : ou du moins on dit comme Monsieur Regis, que les substances ont toûjours été produites, parce qu'on voit que l'objet qui est présent à l'esprit, en est inséparable, qu'il a toûjours été, & qu'il sera toûjours.

Il y a pourtant encore une autre cause des erreurs de Monsieur

Regis, c'est qu'il s'est imaginé avoir en tout sens, une idée aussi claire de l'esprit, que de la matiére. D'où il a conclû directement, que *les substances sont également parfaites en elles-mêmes :* D'autant que ce qui est présent à son esprit, ne lui marquant aucune différence de substance, il a jugé, que ce qui lui répréſente l'esprit, doit être compris dans ce grand & vaste objet, qu'il contemple quand il lui plaît, & qui est le seul qu'il contemple.

Mais parce qu'il ne pouvoit pas parler des Esprits & des Corps, comme de substances qui ont toûjours été, il a imaginé la subtile distinction, *d'êtres substantiels*, & *d'êtres modaux*, voulant signifier par là, que Dieu a toûjours créé les substances, mais qu'il ne les a pas toûjours modifiées. La distinction n'étoit pas mal imaginée. Mais malheureusement elle a tourné contre lui-même. Car si Dieu pour faire le monde, comme le prétend Monsieur Regis, ne fait que modifier les substances déja créées, dont il forme des Corps & des Esprits, il ne modifie ainsi ces substances, que par sa volonté. Or, *sa volonté*, selon Monsieur Regis, *est éternellement agissante.* Donc quelque abstraction qu'il fasse, non seulement Dieu a toûjours créé, mais encore il a toûjours modifié les substances. On a donc raison de dire, que suivant les principes de cet Auteur, les créatures ont toûjours été, que le Monde est éternel, & que dans le fond, les Esprits n'ont rien au dessus des Corps. Mais on voit bien, qu'autant que de tels principes, sont contraires à la Foi, autant a-t'il fallu renoncer au bon sens & à la raison, pour prétendre les établir.

Je dis renoncer au bon sens. Car peut-on douter, que ce qu'une nature intelligente aperçoit, est par soi-même intelligible ? Et qu'ainsi cette étenduë infinie, qui est l'objet de l'Esprit, n'est point de la matiére, mais l'idée ou l'Archetype de la matiére, Archetype incréé, qu'on n'apelle étenduë, que parce qu'il réprésente parfaitement l'étenduë ou la matiére, & que c'est sur ce modéle, que Dieu a créé tous les corps, & qu'il peut crêér des Mondes à l'infini. N'est-ce pas renverser toutes les véritables idées, que d'imaginer une matiére infinie, par elle-même intelligible, qui n'a point eû de commencement ? Et peut-on aprés lui avoir donné des caractéres qui sont si propres à la Divinité, ne la pas prendre pour Dieu même ?

De plus, Monsieur Regis n'ayant jamais consideré, que la puissance dans son idée d'être parfait, il ne pouvoit manquer de détruire tous les attributs Divins par celui-là, & de nous présenter un être sans ordre & sans régle, au lieu d'un être parfait.

Sa Philosophie néanmoins toute dépourvuë qu'elle est de raison, trouve un adversaire encore plus foible. C'est Monsieur Duhamel qui prouve, que la *possibilité & l'impossibilité des choses ne dépendent pas de la volonté de Dieu*, par des raisons qui se reduisent à celle-ci. *Quand Dieu voudroit*, dit-il, *qu'il ne fût pas possible qu'il n'y eût qu'un Dieu, il n'en seroit pas moins impossible qu'il y en eût plusieurs.* Monsieur Regis répondra, qu'il n'est impossible qu'il y ait plusieurs Dieux, que parce que Dieu veut être seul. Il reste donc à prouver, que ce n'est pas sa volonté qui fait l'impossibilité de l'existence de plusieurs Dieux. Voilà le progrez du Peripatetisme. Reflex. pag. 91.

Je ne croi pas aussi, que Monsieur Regis soit fort émû de la distinction Théologique *d'actio immanens* & *d'actio transiens*. Par laquelle on prétend lui montrer, que la *puissance de Dieu ne peut être separée de l'acte*. Il laissera à la Théologie ses actions *permanentes*, & il demandera qu'on exempte sa Philosophie des actions *passageres*, à moins qu'on ne lui prouve bien qu'elles y doivent entrer. C'est ainsi que les plus bizares opinions se trouvent à couvert des attaques d'un Péripateticien. Duhamel, Reflex. pag. 92.

Mais ce qu'il y a d'agréable

c'eſt d'entendre Monſieur Duhamel parler de Monſieur Regis comme d'un *homme diſtingué* avec lequel il deſire agir de concert pour *faire triompher la verité*. Et enſuite de le voir non ſeulement n'apporter rien du ſien, mais encore accabler ſon adverſaire d'objections où ſouvent la bonne foi ne paroît guére.

Il s'oppoſe à l'opinion qui attribuë à Dieu ſeul la conſervation

* Refle. pag. 95.

de tous lés Etres, & dit * *Mon eſprit peut toûjours éxiſter à moins qu'il n'y ait une cauſe qui le détruiſe. Or dans le Syſtéme des Cartéſiens, il n'y a aucune cauſe qui puiſſe détruire l'eſprit. Donc ſelon eux auſſi, l'éxiſtence de l'eſprit ne dépend pas de Dieu*, par cette raiſon que *de ce que l'eſprit a été auparavant, il ne s'enſuit pas qu'il doive être aprés*. Mais ſelon Mon-

* Refle. pag. 77.

ſieur Duhamel, * *la deſtruction* n'eſt pas une *action*, c'eſt une *non-action*. Or la *non-action* ne ſuppoſe point de cauſe. Un eſprit peut donc ceſſer d'ètre ſans qu'il y ait une cauſe qui le détruiſe. Mais s'il faut une cause pour détruire un être, n'en faut-il pas une aussi pour faire subsister cet être. Or l'éxistence précede la destruction. Il faut donc, afin qu'un être se détruise qu'il y ait deux causes opposées l'une à l'autre. Où Monsieur Duhamel les trouvera-t'il si ce n'est dans le Manicheïsme?

Mais où a-t'il pris que les Cartésiens prétendent qu'il n'y a aucune cause qui puisse détruire l'esprit? Nulle cause ne peut vaincre la cause qui le produit. Cela est certain. Mais cette cause qui le produit en est la maîtresse, elle peut le détruire en cessant de le conserver. Mais comme elle n'est pas moins sage que puissante, il n'y a nulle apparence qu'elle veüille cesser de produire ce qu'elle a une fois produit.

Mais pour fermer la bouche à Monsieur Duhamel, il ne faut que tourner contre lui son propre raisonnement. Un esprit éxistera toûjours s'il n'y a aucune cause qui le détruise. Or selon les Cartésiens, il n'y a aucune cause qui puisse détruire l'esprit. Donc Monsieur Duhamel n'a rien à leur reprocher jusqu'à ce qu'il ait prouvé qu'il y a une cause qui peut détruire.

Pourquoy Monsieur Duhamel accuse-t'il Monsieur Regis de se contredire, parce qu'il dit d'une part que Dieu ne peut détruire les substances qu'il a produites, & de l'autre, que l'esprit de l'homme dépend de Dieu ? Ce qui ne peut recevoir l'être, le mouvement, & la vie, que de Dieu, ne dépend-t'il pas de Dieu ? Il est vrai, qu'afin qu'un être dépende *absolument* de Dieu, il faut que Dieu *absolument* puisse le détruire. Mais cet *absolument*, dira Monsieur Regis, marque que Dieu ne le peut que par sa *puissance extraordinaire* : ce qui fait qu'en un sens on peut dire qu'il ne le peut pas. Raison pitoïable ! Je l'avoüe, mais assez bonne pour arrêter le Peripatetisme. Dieu peut détruire & anéantir, si l'on ne regarde que sa puissance ; mais il ne le peut plus dés qu'on regarde sa sagesse, parce que le néant n'étant bon à rien, n'est pas digne, & ne peut être le terme d'une action toute divine.

Est-ce pour éclaircir des matiéres Philosophiques que Monsieur Duhamel apporte pour exemples, nos inpénétrables mystéres ? *La seconde & la troisiéme personne de la Trinité*, dit-il, *ne sont indépendantes de la premiere que parce qu'elles ne peuvent être détruites par elle, & qu'elles en sont continuellement produites.* Il y a là une heresie qui saute aux yeux contre la procession du S. Esprit, & qui fait voir que Monsieur Duhamel a plus étudié Aristote que saint Thomas, Aristote, ce grand homme, dont la Philosophie demande qu'on ait recours sans cesse à des Mystéres qu'on n'entend pas.

Duham. Reflex. pag. 96.

CHAPITRE VIII.

Qu'un esprit peut devenir une ame sans être uni à un un corps. Que Monsieur Regis confond l'un avec l'autre. Qu'il est ridicule de dire que l'ame est dans le corps comme Dieu est par tout. Veritable demeure des esprits.

COmme Monsieur Regis n'a nulle idée distincte, plus il veut discourir, plus il s'embarasse, il divise, il distingue, il fait des *analyses*, & il ne voit pas que tout cela n'est propre qu'à augmenter les ténébres, quand ce n'est pas une suite de la clarté & de la distinction des idées.

L'objet principal qu'il se propose dans la seconde Partie de son premier Livre, c'est la distinction de l'ame & du corps, ou la connoissance de l'homme. Ainsi, il cherche ce que c'est que *l'homme*, & ce que c'est que *l'ame* : & il découvre que *l'homme est un esprit & un*

corps

corps unis ensemble : & que l'ame ne peut être que *l'union de l'esprit avec un corps organique.* C'est à dire, que *l'homme* & *l'ame* sont une même chose. Car il est clair que *l'union de l'esprit avec un corps :* & un corps & un esprit unis ensemble, sont une même chose. Il ne peut donc, selon Monsieur Regis, non plus y avoir d'homme sans l'union de l'esprit & d'un corps, qu'il peut y avoir de triangle sans une étenduë bornée de trois côtez. Mais je lui prouve, que Dieu peut faire une ame d'un esprit sans unir cet esprit à un corps organique. Car si Dieu sans avoir créé aucun corps agit dans un esprit, comme il y agit à la présence, & selon les mouvemens des corps, cet esprit ne sera plus simplement une substance qui pense. Ce sera une substance qui aura encore une infinité de sentimens par raport à des corps possibles, sentimens aussi réels que ceux que nous éprouvons présentement.

Or Monsieur Regis prétend, que c'est cette suite de sentimens System. Metaph.

qui fait qu'un esprit est une *ame*. Donc c'est aussi ce qui constituë la nature de l'homme, puisqu'il ne donne point d'autre notion de l'homme que de l'ame, comme je viens de faire voir.

Mais Monsieur Regis n'a garde de concevoir une ame sans un corps, puisqu'il confond entierement ces deux substances. L'esprit, dit-il, n'est pas dans le corps, comme un pilote dans un navire. *Il est tellement confondu & mêlé avec lui qu'ils composent un seul tout que j'ai appellé* HOMME. Et pour nous faire concevoir ce mélange, il compare l'homme à une bougie, disant, *qu'un homme est fait de corps & d'ame, comme une bougie est faite de cire & de méche.* Mais il n'a pas pris garde que la cire n'éclaire pas s'il n'y a de la méche; & que l'esprit pourroit recevoir toutes sortes de sentimens sans qu'il y eût aucun corps, comme le corps pourroit recevoir tous les mouvemens qu'il a sans qu'il y eût aucun esprit. Car je parle à ceux qui consultent l'idée du corps

Systém. Metaph. pag 132.

ou de l'étenduë, & qui sçavent éxaminer ce qui se passe en eux-mêmes.

On sçait, que Dieu forme le corps sans que l'ame y ait aucune part, qu'il en ajuste les ressorts, qu'il en fabrique les canaux, qu'il en separe les esprits animaux, qu'il en lie toutes les parties avant que d'avoir fait une ame pour ce corps : Et on conçoit sans peine que par les seules loix de la communication des mouvemens ces ressorts peuvent être débandez & les esprits distribuez en mille maniéres qui produiront les mouvemens que nous voïons. On ne conçoit pas même qu'une ame qui ne sçait pas ce qu'il faut faire pour mouvoir un corps, qui n'en connoît ni les parties, ni les liaisons puisse y produire aucun mouvement. A plus forte raison on ne concevra jamais qu'un mouvement puisse produire un sentiment, ou qu'il y ait un raport necessaire de l'un à l'autre, si ce n'est en consequence d'un décret libre du Créateur.

Il faut avoüer néanmoins que Monsieur Regis dit quelque chose d'aprochant du sentiment de M. Descartes touchant la distinction de l'ame & du corps. Mais il a si mal compris ce qu'il a lû, & il a eu tant d'envie de nous donner ses propres pensées, qu'il ne pouvoit aller loin sans se mettre dans les ténébres.

Il rejette d'abord la raison universelle que saint Augustin regarde comme la lumiere de toutes les Intelligences ; & aprés y avoir bien pensé, il ne trouve point de place plus propre pour l'ame que le corps. *Elle y est*, dit-il, * *d'une maniere particuliere : sçavoir, parce qu'elle y pense*. Mais quelle est cette maniere d'étre dans un corps, *sçavoir, parce qu'on y pense ?* Est-ce être substantiellement dans ce corps ? Monsieur Regis apparemment l'entend ainsi : Car il a dit, que *l'esprit est confondu & mélé avec le corps*. Qu'il explique donc lui, qui nous dira bien-tôt qu'il a une idée tres-claire de son ame, comment elle est dans le corps où

* Syst. Metaph. pag. 132.

elle pense. Car c'est ce qu'il faut expliquer. On ne lui demande pas si l'ame pense, on demande si elle est substantiellement dans le corps où elle pense ; ou si elle pense seulement par raport à ce corps. S'il dit qu'elle est substantiellement dans le corps où elle pense, on lui soûtient, que cela ne se peut, à moins qu'elle ne soit corporelle, n'y aïant que les corps qui soient capables d'une extension locale. S'il dit, qu'elle pense seulement par raport à ce corps, il a *tort de la méler & de la confondre avec le corps.* Elle peut fort bien sans ce mélange faire toutes ses fonctions.

Elle est, dit-il, dans le corps, *comme Dieu est par tout, parce que par sa volonté il conserve & meut tout.* Cela change entierement la situation de l'ame. La voilà dégagée en quelque sorte de la matiére, elle commence à respirer ; mais où Monsieur Regis a t'il appris à expliquer ce qui appartient à des êtres finis, par les attributs de l'Etre infini ? Il est faux

System. Metap. ibid.

que l'ame soit dans le corps comme Dieu est par tout. La substance divine pénétre tous les corps & tous les esprits, chacun de la maniére qui convient à chaque substance : & elle est tellement par tout qu'il n'y a nulle partie dans l'Univers qu'elle n'enferme, & ne comprenne par une proprieté de l'infini absolument incompréhensible à l'esprit humain. Elle est là, là & là sans extension locale, elle est réellement par tout comme elle agît par par tout. C'est encore un coup le caractére de l'infini. Mais à quel titre l'âme seroit-elle dans un lieu sans y occuper quelque espace ? Si elle est esprit, qu'elle habite dans le païs des esprits ? Ses volontez ne sont pas efficaces par elles-mémes. Il n'est donc pas necessaire qu'elle soit, où ses volontez sont suivies de quelques mouvemens : elle peut recevoir divers sentimens à cause des mouvemens du corps sans que ce corps soit sa demeure. Monsieur Regis a-t'il medité serieusement là-dessus ? Croit-il être dans le chemin qui conduit à la connoissance de l'homme ? Assurément il a perdu la trace de ce chemin. La distinction de l'ame & du corps est un chiffre pour lui. Il ne s'applique plus qu'à trouver des mots pour parler de ce qu'il n'entend pas.

Pour découvrir la demeure de l'ame, il ne faut que faire réflexion, qu'il y a des véritez qui sont également connuës de tous les Esprits. Car il s'ensuit de là, qu'il y a un objet commun à tous, qui les pénétre & qui les éclaire, que cet objet est la lumiére substantielle, qu'il est purement intelligible, & la seule chose, par conséquent, qui puisse renfermer des Esprits. Car si l'on ne conçoit nullement, que des corps puissent habiter dans des Esprits, on ne conçoit pas davantage que des Esprits puissent habiter dans des corps. Cette demeure Spirituelle passe de beaucoup toutes nos idées.

C'est un Monde, d'où nous voyons bien que nous tirons toutes nos connoissances, qui est le païs de la vérité & de la justice, que Dieu a uni en quelque sorte, avec celui que nos corps habitent malgré leur extréme opposition, par l'action toûjours efficace qu'il porte continuellement de l'un à l'autre; de l'un, qui est une matiére corruptible, où il ne se trouve que des corps; à l'autre, qui est sa propre substance, où habitent tous les Esprits. Mais qui pourroit en dire autre chose? Qui pourroit concevoir une substance qui bien qu'infiniment simple, renferme les Archetypes ou les modéles de tous les êtres possibles, & qui contient encore en elle-même les substances particuliéres qu'elle a produites au dehors d'elle-même, qui les contient dis-je, chacune selon la maniére qui convient à chacune? L'Esprit humain se perd dans cette considération, & en reconnoissant son objet, & sa demeure est obligé de reconnoître, qu'il ne comprend, ni l'un ni l'autre.

Je ne dois pas m'arrêter à la pensée de Monsieur Regis, touchant l'ame & le corps, qui selon lui, font ensemble les loix de leur union. Je ne croi pas qu'il y ait d'homme assez credule, pour se laisser persuader, que le corps soit capable de contracter, & que l'ame de son chef fasse des traitez, en s'unissant à lui. Le ridicule de cette pensée se montre de toutes parts, & elle ne peut être que l'effet d'une trace de contracts que Monsieur Regis a si profonde dans la tête; qu'il borne toutes les affaires humaines à des contracts, & qu'avec lui, on ne distingue plus, ni l'ordre de la Providence, ni la fin que Dieu s'est proposée, en unissant des ames à des corps, ni la sainteté de la Religion & de la Morale, comme on le verra dans la suite.

Systém. Metap. pag.128

Mais il ne faut pas tout-à-fait negliger ce qu'il dit des avantages que l'ame tire de son union avec le corps. Personne ne doute, que l'ame est en épreuve dans le corps. Il est clair, que c'est un état violent pour l'ame, que de dépendre du corps; & qu'elle n'est reduite à cét état, que pour meriter un bonheur solide & permanent. Mais Monsieur Regis, qui ne va jamais jusqu'à la préscience divine, qui n'envisage jamais la corruption de la nature, qui ne distingue point l'ame du corps, prononce, que si l'ame n'a pas sujet de se plaindre, d'être unie à un corps, ce n'est pas, parce qu'elle peut en se sacrifiant en mille maniéres, par le moyen de ce corps, acquerir divers degrez de gloire; mais * parce qu'elle a par ce moyen de grandes connoissances de la nature corporelle, & qu'elle est susceptible de plaisirs. Cela fait, qu'il prend son air religieux, & qu'il louë la bonté Divine, d'avoir voulu que l'ame par les sentimens de la faim & de la soif, de la douleur & du plaisir, regardât comme propre, tout le bien ou tout le mal qui arrive à son corps.

* Syst. Mer. p. 128.

Ce qui fait assez bien entendre, que l'ame ne peut être mieux qu'elle est, qu'il n'y a point de corruption dans la nature, & que tant d'incommoditez & de douleurs que l'ame souffre malgré elle, ne sont point la peine du péché.

Il est vrai, que c'est une loi de l'union de l'ame & du corps, que l'ame sente de la douleur ou du plaisir, selon que les mouvemens qui se passent dans le corps, sont utiles ou contraires à la conservation de ce même corps. Mais Monsieur Regis, n'a pas voulu voir, que cette loi arbitraire a dû ceder pendant l'innocence de l'homme, à la loi inviolable de la Justice, qui ne permet pas qu'un Esprit soit dépendant d'un corps, ni qu'il ne puisse suspendre ou moderer des mouvemens ausquels sont attachez des plaisirs qui le corrompent, ou des douleurs qui le desolent.

Ainsi, Monsieur Regis a confondu l'état d'innocence avec celui de la nature corrompuë, & on le retrouve par tout également opposé à la Foi & à la raison.

Monsieur Duhamel * en qualité de Licentié, tremble pour la Théologie. Il est dangereux, dit-il, de dire, que *l'ame raisonnable n'est*

*Reflex. Pag. 97.

autre chose que l'union d'un Esprit avec un corps organique. La Foi lui enseigne, que l'ame raisonnable est immortelle. L'union de l'Esprit avec le corps, ne peut être immortelle. L'ame peut être separée du corps. L'union des deux n'en peut être separée. Tout cela est aussi clair, & n'est pas moins instructif, que ce que dit Monsieur Regis. *Ils agissent de concert pour éclaircir, & pour faire triompher la verité.*

Duhamel, pag. 98. *L'animation & l'information*, ajoûte-t'il, *sont véritablement l'union de l'esprit avec le corps. Mais il est faux, que l'ame & la forme de l'homme ne soit que l'union de l'Esprit avec le corps.* Tous ces termes seront clairs, quand on aura expliqué comment l'ame est présente au corps, comment le corps est animé, & en quel sens l'ame est la forme du corps.

Reflex. pag. 100. Il voudroit que les Cartésiens, qui regardent les parties de l'étenduë, comme ne faisant qu'un tout & une substance, regardassent de même l'homme, comme ne faisant qu'une substance.

Les Cartésiens veulent bien que l'homme ne soit qu'un tout. Mais il voudra bien aussi, qu'ils ne regardent pas l'ame, & le corps comme des parties *homogénes*, ni comme unies à la maniére des parties de l'étenduë. Ils veulent-bien que ce soit, parce que l'ame est unie au corps, que ces deux substances dépendent l'une de l'autre ; mais il voudra-bien aussi, qu'ils ne croient pas qu'un Esprit soit capable d'une union locale. Ils veulent bien, que le mode soit uni par *l'indistance*, & le plus intimément qu'il se puisse à la chose modifiée : mais il voudra bien aussi qu'ils croient que le mode n'est que la chose même d'une telle maniere, & qu'ils regardent comme une impieté, de prendre l'ame pour un mode du corps. Ils veulent bien qu'il dise, que ce n'est pas l'ame, mais l'Ange, *qui est forma sui non corporis.* Mais il voudra bien aussi qu'ils rient un peu, de l'entendre citer ces paroles, *Erunt sicut Angeli Dei quia neque nubent, neque nubentur,* pour

P. 102.

prouver que l'Ange ne peut être touché des mêmes plaisirs & des mêmes douleurs dont l'ame est touchée dans le corps, comme si JESUS-CHRIST avoit voulu marquer par ces paroles, la différence des substances, & non pas la différence des états.

Ibid. Il voudra bien qu'on l'admire, de ne pas concevoir qu'une ame puisse être au Ciel, pendant que le corps marche sur la Terre. Car assûrément il n'a point d'idée de ce qu'on appelle le *Ciel*, ou ce qu'il veut dire, n'a nul raport, au sentiment qu'il veut combatre.

Enfin, que veut-il qu'on fasse, lors qu'on l'entend citer * cet article du Symbole de Saint Athanase. *Sicut anima rationalis & caro unus est homo : ita Deus & homo unus est Christus*, pour prouver, que le composé de corps & d'ame, est dans l'homme *d'une unité physique & intrinséque.* La différence qu'il y a de Saint Athanase à Monsieur Duhamel, c'est que le Saint Docteur, tire sa compa-

* Reflex. p.106.

raison, de l'union de l'ame & du corps ; & que le Licentié tire la sienne de l'union du Verbe avec la nature humaine. Saint Athanase veut, par les choses naturelles, nous élever en quelque sorte à ce qui est au dessus de la nature. Cela convient à nôtre état.

Mais Monsieur Duhamel plus sublime, nous veut faire connoître l'union de l'ame & du corps, par l'union hypostatique, cette union qui passe infiniment toutes les Intelligences bornées. Cela n'est-il pas bien concerté ?

On reconnoîtra sans doute, que de dire, comme lui, * *Que l'ame est presente au corps, comme les points à la ligne, les lignes à la surface, les surfaces à la profondeur.... Qu'elle est au Ciel comme dans le corps, d'une presence locale..... Qu'il est impossible que les esprits éxistent, sans quelque presence locale, comme il est impossible qu'ils éxistent sans avoir quelque durée.* C'est si bien établir la spiritualité de l'ame, c'est si bien la distinguer d'avec le corps, c'est si bien

* Reflex. p. 109. 111.

débroüiller les idées de ces deux substances, qu'il ne peut sortir de là, qu'une Philosophie lumineuse.

Mais aprés tout, je ne sçai si Monsieur Duhamel a bonne grace, lui qui appelle Monsieur Regis, *homme distingué*, de mettre ce même Monsieur Regis au dessous d'un petit Logicien, qui sçait distinguer entre *divisibilité formelle* & *divisibilité virtuelle*, l'une propre aux corps, l'autre propre aux Esprits. C'est une chose étrange, que les Epicuriens ne conçoivent point de *divisibilité formelle* dans leurs atomes; & que les Cartésiens n'en conçoivent point *de virtuelle* dans les esprits. C'est du moins la sage reflexion de Monsieur Duhamel, qui toutefois feroit volontiers grace à Epicure. Mais que ne donne-t'il aux Cartésiens quelque idée de sa *divisibilité virtuelle?* Est-ce une divisibilité qui fasse qu'une chose se divise véritablement, de maniére qu'une partie soit là, & l'autre là? Est-ce une divisibilité, qui fait qu'une chose indivisible

Ibid.

se divise, ou qu'en se divisant elle demeure indivisible ? Est-ce une divisibilité qu'on conçoit sans pouvoir exprimer ce qu'elle est ? C'est celle-là sans donte. Mais les Cartésiens demandent qu'on leur explique clairement, ce qu'on conçoit : autrement ils ne se rendent pas ; car ils font gloire de ne se rendre qu'à l'évidence des idées claires, & distinctes, que la raison fournit abondamment à tous les esprits qui la consultent avec perseverance, que Monsieur Duhamel ne s'étourdisse pas par des mots inintelligibles, qu'il parle clairement, on l'écoutera.

Monsieur Hüet, toûjours rempli de son grand dessein avoit introduit un Epicurien dans la dispute, pour reduire en poussiere toute la Philosophie Cartésienne. Cet Epicurien est un stupide, qui pour tout raisonnement vient dire, *Nous nous tenons débout, nous demeurons assis, nous nous promenons, nous pleurons, nous voïons, nous parlons, nous nous nourrissons, nous*

Censura Philos. Cartes.

veillons, nous dormons, nous révons, nous sentons par le corps. Donc nous pensons par le corps. C'est à dire, selon ce grave Philosophe, que le corps n'a pas moins de part à nos pensées que l'ame. Monsieur Regis qui confond mieux l'ame avec le corps que n'a jamais fait Epicure, & qui pourtant ne veut pas être Epicurien, répond ainsi, * *Pour attribuer la pensée à l'homme entier il suffit qu'il pense selon une de ses parties, sans qu'il soit necessaire qu'il pense selon l'autre :* Et il ajoûte, *L'esprit n'a jamais besoin du corps pour penser. Mais l'ame ne pense jamais sans le corps.* Ne voilà pas Epicure bien refuté ? Je n'en demande pas davantage, dira l'Epicurien, je ne vous parle pas des *Esprits*, Monsieur Regis ! je ne parle que de ce que vous appellez *Ame*. Montrez-moi qu'une ame qui dépend absolument du corps pour faire tout ce qu'elle fait, n'est pas de même nature que le corps, & ne meurt pas avec lui. Car encore un coup, il ne s'agit pas de

* Rép. à M. Hüet p. 146.

Pag. 151.

l'idée que vous avez des esprits, idée chimérique, dont vous ne ne sçauriez parler qu'en l'air & en dévinant. Je parle de l'idée que vous avez de vôtre ame. *C'est*, dites-vous, *une substance qui ne pense jamais sans le corps.* * Et vous convenez que j'en concluë bien que l'ame meurt avec le corps. Parlez donc nettement, & sans équivoque. Cette ame est-elle une substance ou un mode? Si c'est une substance, nous voilà d'accord. Car je ne demande autre chose, sinon que la substance de l'ame meure avec le corps. Si ce n'est qu'un *mode*, vous abusez du terme qui fait naître à tous vos condisciples l'idée d'une substance; & on demande que vous expliquiez solidement, précisément, par idée claire, comment un *Esprit* dévient *une ame*, comment le corps donne à *l'ame* des qualitez qu'un *Esprit* n'a pas, comment *l'ame* démélée & confonduë qu'elle étoit avec le corps devient *esprit*, ainsi que *d'esprit* elle étoit devenuë *ame*, & comment elle perd dans un instant

* Rép. à M. Hüet pag. 152.

des qualitez qui lui étoient si inhérentes. Ou montrez en deux mots, par l'idée de vôtre *ame*, qu'elle est un *esprit*, ou par l'idée d'un *esprit* qu'il est devenu vôtre *ame*, & qu'il n'appartient qu'à elle de penser. Tout cela est capable d'embarasser Monsieur Regis, & de faire rire Monsieur Hüet.

A quoi pense-t'il Monsieur Regis, de dire, que Monsieur Descartes feint des choses impossibles, lorsqu'il feint qu'il n'y a aucun corps, à cause qu'il feint par l'ame, laquelle ne peut feindre sans le corps? Qu'il sçache encore un coup, que ce n'est point là la pensée de Monsieur Descartes, qu'il sçavoit bien que l'idée même qu'une ame a du corps qu'elle anime, n'a point de liaison nécessaire avec l'existence de ce même corps, que nos idées sont des modeles, & non pas des copies, comme je l'ai fait voir; des modeles, dis-je, indépendans de tout ce qui est formé sur eux. C'est par ce discernement des idées véritables que ce Philosophe a fourni de quoi confondre l'Epicureïsme ; & en même tems de quoi découvrir le faux & la bassesse de tout ce que dit Monsieur Regis.

Monsieur Duhamel prend la parole pour Epicure, & prétend * que de feindre à la Cartésienne qu'il n'y a point de corps, pour établir la différence du corps & de l'ame, *c'est feindre qu'il n'y a point d'ame* ; & par consequent que c'est le néant qui feint. Il dit, qu'un Epicurien peut soûtenir qu'il connoît par conscience qu'il n'a point deux idées différentes d'ame & de corps subtil. Il dit, que puisqu'il y a des Théologiens qui enseignent qu'on peut connoître & *abstractivement* & *intuitivement* la nature de Dieu sans ses attributs, on ne peut dire que les choses soient réellement differentes, quoi qu'on en ait des idées differentes. Enfin, il dit, que l'homme engendré n'éxiste pas indépendemment de celui qui l'engendre, & qu'ainsi on ne peut pas assurer que l'ame éxiste indépendamment du corps, par cette raison qu'une sub-

* Reflex. pag. 177.

ſtance ne dépend point d'une autre : parce *que ſi elle n'en dépend pas comme de ſon ſujet, il ſe peut faire qu'elle en dépende comme de ſa cauſe efficiente.*

Accordons à Monſieur Duhamel qu'il ne peut diſtinguer ſa penſée de la matiére. Il paroît aſſez le penſer comme il le dit. Accordons-lui, que par ce qu'il conçoit la ſubſtance ſans les modes, il conçoit auſſi les modes ſans la ſubſtance. Car enfin c'eſt ce qu'il demande. Accordons-lui auſſi, que l'homme qui engendre eſt la cauſe efficiente tant de l'ame que du corps qu'on appelle *engendré* ; & que l'homme engendré, tout engendré qu'il eſt, dépend de celui qui l'engendre. Accordons-lui, qu'il en eſt de l'ame & du corps comme du pere & du fils, que l'un engendre l'autre, ou du moins que l'un dépend de l'autre comme s'il en étoit engendré. Il aura aprés cela tout le merite de ſa foi, qui lui apprend que ſon ame eſt immortelle, quoi qu'entre cette ame & ſon corps il ne puiſſe apercevoir aucune difference.

Cette foi lui fait dire des merveilles touchant la nature de l'ame. Il prétend * qu'elle n'est pas un mode, parce qu'elle tient moins au corps, & apparemment plus à Dieu que le mode. Si on lui dit, que le mode à beau tenir au corps, Dieu l'en détache quand il lui plaît; témoin les accidens Eucharistiques, dont on fait le sort d'Aristote; & qu'ainsi on n'aperçoit point de difference entre une ame détachée & des modes détachez. Il répond, que Dieu naturellement ne détache pas les modes de la substance: c'est à dire, qu'il est obligé d'employer plus de puissance pour détacher un *mode* que pour détacher une *ame*.

* Refl. pag. 342.

Ibid.

Si on lui dit, que selon lui, Dieu ne pouvant pas naturellement détacher de la matiére l'ame d'une bête, il n'y a pas d'apparence que l'ame humaine qui n'est pas moins forme substantielle que l'ame brûte, puisse être plus aisément détachée de la matiére. D'où il suit, que Dieu fait autant de miracles qu'il y a d'hommes qui meurent, d'autant que toute séparation qui ne se fait point naturellement, se fait par miracle. Il s'en tient toûjours à son principe, qui est qu'une *forme* n'est appellée *mode* ou *forme accidentelle*, que parce qu'elle dépend plus de la matiére; & que si elle en dépend moins, elle est appellée *forme substantielle* : principe lequel établissant une parfaite égalité entre ce qu'on appelle *ame d'homme*, *ame* de bête, *figure*, *couleur*, *mouvement*, aprés leur séparation d'avec le corps, laisse à la seule Foi la vertu de distinguer ces choses.

Cette foi nous fait donner à l'ame de l'homme le nom d'esprit. Mais pour vous, *forme* & *figure*, *mode*, & *ame de bête*, vos noms ne changent point. La matiére est opposée à la forme. Donc ces choses ne sont pas matérielles. Elles sont opposées à l'esprit. C'est la Foi qui le dit. Donc elles ne sont pas spirituelles. Cela fait assez entendre qu'elles ne sont ni corps,

Duham. Refl. page 343.

corps, ni esprit, & qu'on ne sçait ce que c'est. Que cette doctrine est consolante ! Que ces grandes distinctions *de sujet d'inhésion*, & de sujet *d'information*, répandent de lumiére ! Qu'elles ouvrent un grand champ à la Philosophie ! Et que la Religion en reçoit d'avantage & d'honneur ! A quoi pensent les Cartésiens d'en traiter les suites *d'absurdes* & *d'impossibles* ?

CHAPITRE IX.

On fait voir que Monsieur Regis ne s'entend pas dans la distinction qu'il fait de cause efficiente première, & de cause efficiente seconde.

MOnsieur Regis accoûtumé à discourir sans preuve & sans fondement, établit deux sortes de causes *efficientes*. Il en veut aux *causes occasionneles*, mais malheureusement, ou il ne sçait ce qu'il dit, en les voulant détruire, où il n'en fait que changer le nom, en les appellant causes *efficientes secondes*. Cependant il déclare qu'il entend par cause *efficiente seconde*, celle qui agit par la vertu d'une autre. Suivons le donc si nous pouvons. *Comme Dieu est immuable*, dit-il, *la succession qui se rencontre dans les choses modales, ne peut venir immédiatement de lui : elle doit donc proceder des causes efficientes secondes*. Et ailleurs.* *Je suis obligé de reconnoître, que les causes secondes n'ont point de causalité propre, & qu'elles ne sont que des instrumens dont Dieu se sert pour modifier l'action par laquelle il produit des effets.*

System. Metap. p. 110.

* P. 125.

Si Monsieur Regis s'expliquoit un peu, il seroit bien-tôt réduit à desavoüer tout ce langage, ou à se raccommoder avec les causes *occasionnelles*. Car en admettant ces sortes de causes, on trouve Dieu immuable, au milieu des changemens infinis qu'il produit dans la nature, parce que c'est toûjours une même volonté qui agit, mais qui agit diversement à l'occasion des divers mouvemens des corps, & des diverses volontez des Esprits. Il est donc clair, que le changement ne tombe que sur la créature : ce qui est apparemment ce que veut dire Monsieur Regis.

Par les mêmes causes occasionnelles on reconnoît Dieu pour l'être en qui seul reside la causalité. Puis qu'elles ne font que donner occasion à Dieu, d'appliquer diversement la volonté simple & générale, par laquelle il fait tout : ce qui est encore ce que Monsieur Regis a voulu dire, s'il a voulu dire quelque chose. Mais comme il ne s'entend pas lui-même, il change bien-tôt de langage.

Il cherche la cause de l'union de l'esprit & du corps, & il découvre qu'elle est en Dieu, en tant que Dieu a voulu *que l'esprit fût uni avec le corps organisé, d'une certaine façon*. Cette certaine façon, c'est que les pensées de l'ame dépendissent des mouvemens du corps ; & les mouvemens du corps, de quelques pensées de l'ame.

System. Metaph. p. 120.

Pag. 123.

Le bon ſens demandoit qu'aprés cela, il éxaminât quelle pouvoit être la cauſe des mouvemens de l'une de ces ſubſtances, & des ſentimens de l'autre : mais il laiſſe là cet éxamen, qui peut-être lui auroit fait rendre à Dieu ce qui lui appartient. *Il lui ſuffit*, dit-il, *de ſçavoir par expérience, que ſi le corps n'avoit certains mouvemens, l'ame n'auroit jamais certaines penſées ; & que ſi l'ame n'avoit certaines penſées, le corps n'auroit jamais certains mouvemens, pour l'obliger d'attribuer au corps les façons de penſer de l'ame, & à l'ame les façons de ſe mouvoir du corps, comme à de véritables cauſes ſecondes.*

Syſtem. Metaph. p.124.

Voilà donc deux véritables cauſes des ſentimens de l'ame. Dieu, & les mouvemens du corps. C'eſt auſſi ce que Monſieur Regis devoit produire. Mais comment Dieu communique-t'il ſa vertu aux mouvemens du corps ? Où trouve-t'on, qu'un corps puiſſe agir immédiatement ſur un eſprit, ou un eſprit ſur un corps ? Si un mouvement peut être la cause véritable d'une pensée, qu'on nous marque un peu le raport de l'un à l'autre ? Monsieur Regis, ne dit mot là-dessus. Il est charmé des créatures, il veut partager la puissance entr'elles & le Créateur. Et en aportant la fameuse distinction de *cause univoque*, & de *cause équivoque*, il veut faire entendre, que si Dieu produit tant d'effets qui ne lui ressemblent pas, les mouvemens du corps ou les pensées de l'ame, peuvent bien en produire aussi qui ne leur soient pas semblables.

Mais Monsieur Regis ne veut pas voir, que Dieu a les idées de toutes les choses qu'il fait ; & que tout ce qu'il fait est formé sur ces idées. De plus, on voit une liaison nécessaire entre la volonté de Dieu & ses effets : on découvre dans l'idée de Dieu la toute-puissance : découvre-t'on de même dans l'idée qu'on a de la créature, quelque efficace propre ? Dieu a fait les créatures. Si en les faisant, il leur influë sa puissance, on doit l'apercevoir cette puiſſance, comme on aperçoit leur dépendance. Mais quand elles agiſſent avec Dieu, combien employent-elles de leur puiſſance, & combien Dieu employe-t'il de la ſienne ? La puiſſance de Dieu ne ſuffit-elle pas, pour produire tel effet ? Et celle des créatures ne peut-elle pas ſuffire auſſi ; du moins pour les petits effets, pour les choſes ſublunaires, pendant que celle de Dieu ne s'éxerce que dans les Cieux ? Faut-il que Dieu ſe mêle de tout, aprés avoir mis dans les créatures, une puiſſance réelle & véritable ? Pourquoi Monſieur Regis eſt-il ingenieux à broüiller ſes idées, pour confondre le néant de la créature, avec la puiſſance incommunicable du Créateur, & pour éteindre la notion de la Providence ?

Que ne fait-il reflexion ſur l'état de chaque être en particulier ? Si Dieu crée un corps en repos, quelque autre puiſſance que celle de Dieu, peut-elle le mettre en mouvement ? Si Dieu crée mon ame dans le plaiſir, cét état pourra-t'il être changé., ſi ce n'eſt par la puiſſance de Dieu-méme, qui ſçait à la verité, accommoder ſon action, ſeule efficace par elle-même, avec celle de ſes créatures, toûjours inefficace, mais qui ne communiqne jamais rien, de ce qu'on appelle véritable puiſſance.

Que Monſieur Regis ne r'entre-t'il en lui-même, pour conſulter l'idée d'un Etre infiniment parfait, il le verroit ordonnant dans ſon conſeil éternel tous les mouvemens des corps, tous les ſentimens & toutes les penſées des Eſprits; & enſuite agiſſant par ces deux ſortes de ſubſtances, non pas pour faciliter ſon action, ou comme un Ouvrier qui ne peut rien faire ſans inſtrumens : mais pour agir d'une maniére qui lui rende témoignage de ce qu'il eſt, & qui découvre à tous les Eſprits attentifs, qu'il a une intelligence infinie, qu'il prévoit & compare tout ſans ſe méprendre; & qu'il ſçait ſe ſervir avec le même ſuccez, des Eſprits qui ſont libres par leur nature, que des corps qui ſont incapables de ſe déterminer.

* Refle. pag.150. Monſieur Duhamel ne goûtera pas cette doctrine. Car il ne prétend point tant donner au Créateur, que la créature n'agiſſe auſſi par une vertu qui lui ſoit *intrinſéque* & *naturelle*. La preuve qu'il en aporte, c'eſt que comme les créatures ne laiſſent pas d'avoir une véritable éxiſtence, quoi qu'elles n'éxiſtent point par elles-mêmes : de même elles ont une véritable action, quoique la faculté d'agir qu'elles ont en elles-mêmes, ſoit dépendante de Dieu. Il reſte à prouver, que de ce que Dieu nous donne l'éxiſtence, il doit nous communiquer ou partager avec nous ſa puiſſance.

C'eſt une induction ſinguliére. Mais Monſieur Duhamel eſt un homme * dont la volonté n'a point de part à ſes jugemens, & qui par conſéquent ne peut les gâter par un mauvais uſage de ſa liberté. Ainſi, ſa déciſion paſſera. Il devroit pourtant s'accorder ſur ce point avec Monſieur Regis. Car dans le fond

*Reflex. p. 144.

ils disent l'un & l'autre la méme chose.

CHAPITRE X.

Monsieur Regis confond toutes les veritez. Que ses principes ne peuvent étre d'aucune utilité pour la Religion.

JE passe presentement bien des choses à Monsieur Regis, soit parce qu'il nous donnera ailleurs occasion d'en parler, soit parce que j'en ai déja fait voir la fausseté, soit par ce qu'elles ne meritent pas qu'on s'y arréte. Voyons comment il distingue les veritez *néceſſaires* d'avec les veritez *contingentes*. Si on lui demande, dit-il, pourquoi ler trois angles d'un triangle sont égaux à deux droits, il répondra par *la cause formelle*, en disant, que telle est la nature du triangle. Et il fait si bien, que les veritez *néceſſaires* qu'il appelle *de droit*, & les véritez *contingentes* qu'il appelle *de fait*, dont il avoit voulu faire voir la différence, se trouvent de même nature. Voici comment. Il répugne, selon lui, qu'il ait des sensations, & qu'elles ne dépendent pas d'une cause efficiente extérieure : c'est à dire, que quand il use bien de ses sens, il ne se peut qu'il ne connoisse pas des véritez *de fait*, comme, qu'il y a un Soleil, des hommes, des chevaux. Et il dit ensuite que la clarté ou l'évidence avec laquelle il connoît que les trois angles d'un triangle sont égaux à deux droits, dépend de ce que l'idée qu'il a de cette verité doit avoir une cause exemplaire qui contienne réellement toutes les perfections que cette idée réprésente. C'est donc sur la nécessité de la cause éxemplaire qu'il fonde la connoissance qu'il a des veritez de *fait*, & des veritez *de droit*. Or un triangle créé, un triangle sensible, un espace borné par trois côtez dont les trois angles sont égaux à deux droits, est la cause éxemplaire de l'idée qui les réprésente (je parle com-

System. Metaph. pag 136.

me Monsieur Regis) donc il connoît que les trois angles d'un triangle sont égaux à deux droits, par la même voye qu'il connoît que le Soleil éxiste, il doit la connoissance qu'il a de ces deux sortes de veritez à sa cause exemplaire qui est la matiére même.

Ainsi voilà ce fameux Cartésien Monsieur Regis uniquement instruit par ses sens. Voilà les veritez *nécessaires* & les veritez *contingentes* reduites à une même classe par ce *grand Homme* qui faisoit semblant de les separer. Et cela revient nécessairement à son prétendu principe. Car s'il n'y a point de vérité qui ne dépende de la volonté de Dieu, comme il n'y a rien de plus libre que cette volonté qui dispose de tout comme il lui plaît, il n'y a rien aussi de plus *contingent* que quelque verité que ce puisse être; & il ne faut pas désesperer qu'un jour il n'y ait des quarrez dont les quatre côtez ne seront pas égaux.

Monsieur Duhamel s'est aperçû que Monsieur Regis ne raisonnoit juste sur les veritez *de fait*, & sur celles *de droit*. Mais il n'a pû rien dire pour le *triomphe de la verité*. Il nous a seulement fait remarquer que Monsieur Regis se contredit.

* Reflex. pag. 114.

Ce Monsieur Regis ne sçauroit-il comprendre que l'éxistence d'un monde est une verité contingente, parce que Dieu a pû ne point faire de monde, parce que Dieu peut y produire une infinité de changemens, parce que nous ne le connoissons que par des sentimens que Dieu peut produire en nous sans qu'il y ait rien de créé : & que c'est une verité nécessaire, que les trois angles d'un triangle sont égaux à deux droits, parce qu'il y a un raport d'égalité entre d'eux angles droits, & les trois angles d'un triangle, raport que l'esprit conçoit dans un objet nécessaire, éternel & immuable ; raport que l'on connoît avant qu'aucun triangle éxiste, puis qu'aucun triangle n'a été formé que sur la connoissance qu'on a de ce raport que toutes les Intelligences conçoivent de la même maniére, que Dieu lui-même a toûjours vû comme nous le voyons, parce que la verité étant une, nous ne pouvons voir que celle que Dieu voit : raport enfin qu'on voit bien qui a toûjours été, qui sera toûjours, & que Dieu ne peut changer sans changer sa propre substance.

Monsieur Regis qui cite S. Augustin pour apuïer la confusion qu'il fait de l'ame & du corps, feroit bien mieux de s'instruire des sentimens de ce saint Docteur touchant la lumiere des Esprits. S'il s'appliquoit un peu aux écrits d'un si grand Maître, il distingueroit bien-tôt le langage des sens, de celui de la Raison, & il auroit honte d'avoir tant discouru sans connoître l'objet de ses connoissances.

Il nous renvoye aux faits sur lesquels la Religion Chrêtienne est apuïée pour nous convaincre de sa verité. Cela n'est pas trop mal. Mais ce n'est pas assez pour un Philosophe. Car si quelqu'un venoit dire, que tout ce qui est écrit d'Adam, d'Abraham, de Moïse, de JESUS-CHRIST ne s'accorde point avec la sagesse de Dieu, & qu'il se peut bien faire qu'on soit dans l'illusion par raport aux Ecritures, quoi qu'on ne puisse les convaincre de fausseté par d'autres faits, que répondroit Monsieur Regis? Diroit-il, *c'est Dieu qui parle?* C'est, répondroit l'Esprit fort, ce qui est en question, comme Dieu ne peut rien faire que de sage, il ne peut aussi nous venir de sa part que des faits qui portent le caractére de sa sagesse & de sa grandeur. On ne trouve pas toûjours de ces faits dans l'Ecriture. Il faut instruire cet esprit fort, s'il veut étre docile; & il est clair qu'on ne le peut qu'en mettant la Raison dans le parti de la Foi. Monsieur Regis le fera-t'il? Il n'y a nulle apparence, sa Metaphysique ne va pas jusques-là. Il faudroit qu'il suivit la notion d'un étre infiniment parfait, il faudroit qu'il comparât ce qu'on découvre dans cette idée féconde & lumineuse avec tout ce qui est écrit, & ce qu'il éprouve en lui-même; il faudroit qu'il montrât comment l'homme a pû se corrompre, qu'il comparât les effets de la corruption avec le remede que Dieu y a préparé, qu'il accordât la grandeur & la magnificence de Dieu, tous les attributs divins avec les humiliations d'un homme-Dieu. Il ne faut pas s'étonner, si Monsieur Regis ne pousse pas ses vûës si loin. On ne voit dans ses écrits aucun trait d'un homme qui croïe que la nature soit corrompuë, il n'a donc garde d'examiner aucune chose qui ait raport à cette corruption. Sa Metaphysique humble & respectueuse ne touche à rien [illegible] ce qui est important de sçavoir, & elle semble n'avoir été faite que pour favoriser l'ignorance: Encore si elle en demeuroit là, & qu'elle ne favorisât pas l'impieté, on la laisseroit passer. Mais on n'en peut voir les funestes consequences sans en avertir Monsieur Regis, & lui dire, que quand il ne feroit qu'ôter à la Religion cet avantage d'avoir la raison dans son parti, il fait un mal qu'à peine pourra-t-il reparer.

CHAPITRE XI.

Que l'étenduë qui est l'objet immediat de l'esprit, n'en est pas une de ses modifications.

MOnsieur Regis, dans son premier Livre, n'a fait que poser les fondemens de sa Doctrine, dont on a vû la solidité : il commence présentement à la developer. *L'ame*, dit-il, *connoît l'étenduë en général par soi-même & par sa propre nature* : C'est à dire, que l'idée de l'étenduë est essentielle à l'ame, comme il dit ensuite, que *l'idée de Dieu est essentielle à l'esprit*.

System. Metap. p. 162.

Il est assez difficile de concevoir, que ce qui est essentiel à l'ame, ne le soit pas à l'esprit. Mais il faut entrer dans la pensée de Monsieur Regis. Il prétend que l'Esprit par sa nature, ne conçoit que perfection ou imperfection, mais qu'il a fait un contract avec le corps, suivant lequel, il doit avoir l'idée de l'étenduë, tandis qu'il sera uni à ce corps. Cela étant, pour parler reguliérement il faudroit dire, qu'il est de l'essence du contract, que l'esprit ait l'idée de l'étenduë, puis que c'en est la condition. Mais Monsieur Regis veut qu'il soit essentiel à l'ame, d'avoir l'idée de l'étenduë, parce que n'étant encore qu'esprit, elle ne se seroit pas unie au corps, si elle n'avoit dû recevoir cette idée. Ainsi, l'Esprit s'unissant au corps devient *Ame*, parce qu'alors il reçoit l'idée de l'étenduë, laquelle idée *s'identifie*, pour ainsi dire, avec lui.

On convient qu'il est nécessaire, qu'un Esprit uni à un corps, ait l'idée du corps en général, ou de l'étenduë, pour travailler à la conservation de la vie humaine. Mais qui a dit à Monsieur Regis, que l'esprit & le corps traitent ensemble ? Que fait Dieu durant que les articles de ce Traité se dressent ? Où est l'Esprit avant que de traiter ? Où en est le corps quand il traite ? Qui a dit à Monsieur

Regis, qu'un Esprit sans être uni à un corps, ne peut avoir l'idée de l'étenduë ? Est-ce que les Anges qui formoient la Manne, ne connoissoient pas l'étenduë ? Ont-ils pû agir sur les corps, sans les connoître, & les ont-ils connus, sans avoir l'idée de l'étenduë ? Enfin, le corps & l'esprit ont contracté ; & afin que le traité ne soit pas sans effet, Dieu veut bien créer l'idée de l'étenduë, & la répandre dans chaque ame en vertu du contract. Mais qu'est-ce que cette idée de l'étenduë que Dieu crée, autant de fois qu'il y a d'esprits & de corps contractans ? Est-ce un mode ou une substance ? Si c'est un mode : c'est donc un mode qui se modifie en mille & mille maniéres, lors que nous apercevons tant de corps. Si c'est un mode, comment l'ame le voit-elle, sans penser à elle-même, & tout distingué d'elle-même, quoi qu'il soit de la nature du mode, de ne pouvoir être conçû sans la substance, dont il est le mode ? Si c'est un mode, comment se peut-il faire, qu'il n'ait point de bornes, quoique la substance, dont il est le mode, soit bornée ? Enfin, comment l'étenduë peut-elle être le mode d'une substance, sans rendre cette substance elle-même étenduë ? Car ce prétendu mode de l'ame, est aperçû comme étendu, & on le voit toûjours tel. Monsieur Regis feroit peut-être mieux de faire une substance, de l'idée de l'étenduë. Aussi semble-t'il prendre ce parti ailleurs, où il pose * que les sensations & les idées sont des *Etres representatifs*. Mais si c'est une substance, est-elle dans l'ame, ou hors de l'ame ? Est-elle de la nature même, ou d'une nature différente de l'ame ? Comment s'y prend-t'elle, pour éclairer l'ame ? Que fait l'ame pour en être éclairée ?

* Syst. Metaph. p. 169.

J'aperçois, si je ne me trompe, la subtile pensée de Monsieur Regis. Il entend, que l'idée de l'étenduë est dans l'esprit, comme l'ame est dans le corps : c'est à dire, que l'Esprit & l'idée de l'étenduë sont tellement mêlés & confondus ensemble, qu'ils ne font qu'un tout, qu'on appelle *Ame*. J'avouë que cela est nouveau & singulier. Monsieur Regis fait des unions merveilleuses. Mais j'ai une petite difficulté à lui proposer. L'idée de Monsieur Regis & la mienne sont deux idées. Est-il bien sur qu'elles se ressemblent ? Pour moi, je tiens qu'elles ne se ressemblent pas ; & je le défie de prouver le contraire.

De plus, quand l'ame n'est plus unie au corps, l'esprit, selon Monsieur Regis, cesse d'être uni à l'idée de l'étenduë. Que devient donc alors cette idée ? Est-elle mise parmi les corps, ou parmi les Esprits ? Est-elle changée en quelque autre nature ? Est-elle annéantie, par la volonté immuable de celui qui la créée, & que Monsieur Regis reconnoît si bien, pour ne pouvoir aimer le néant, ni se le proposer pour la fin de son action ? Parlons sérieusement. Monsieur Regis ne s'est jetté dans les embarras où on le voit, que faute d'attention.

Il s'est aperçû qu'il avoit l'idée de l'étenduë ; il s'en est tenu là. Il n'a plus demandé qu'à connoître la cause éxemplaire de cette idée. En y procédant ainsi, il ne pouvoit pas dire autre chose, que ce qu'il a dit. Car supposé, que les idées des créatures soient en moi, & que Dieu agisse sans idée, & seulement par volonté, qui ne consulte qu'elle-même, où seroient les causes éxemplaires de ces idées, si ce n'étoit dans les créatures mêmes, & dans les créatures éxistentes, puis qu'on ne peut être cause sans éxister ? Mais que ne prévoyoit-il ce qu'on pouvoit lui objecter, & sans se prévenir de sa cause éxemplaire, que ne raisonnoit-il ainsi ?

Il n'y a point d'effet sans cause. J'ai une pérception d'étenduë. Donc il y a une étenduë qui agit en moi. Or, ce qui agit en moi n'est pas corps ; Car les corps ne peuvent agir que sur les corps, & nullement sur les esprits. Donc ce qui agit en moi n'est pas une étenduë matérielle, mais une étenduë intelligible, que je conçois selon mes diverses volontés, ou qui s'applique à moi selon les divers mouvemens qui se passent dans mon corps. Par-là, Monsieur Regis auroit évité bien des erreurs, & nous auroit épargné la peine de montrer le ridicule de sa Doctrine.

On lui peut faire les mêmes objections, touchant l'idée qu'il prétend avoir de l'Être infiniment parfait. Car s'il est absurde de penser, que l'ame qui est un être borné, contienne l'infini en étenduë, il l'est encore davantage de dire, qu'elle contient l'infini tout court, l'infini en toutes sortes de perfections.

Monsieur Duhamel s'est trouvé embarrassé sur les prétenduës idées de Monsieur Regis; & pour ne pas demeurer sans rien dire, il a trouvé le sécret d'y trouver des contradictions qui n'y sont pas.

On a peine à s'empêcher de rire en lisant ce discours de Monsieur Regis. *Comme les Tableaux dépendent absolument de quatre differen-*

System. Metap. Ibid.

tes causes, sçavoir d'un Peintre, d'un original, d'un pinceau pour appliquer les couleurs, & d'une toile pour les recevoir. Il faut penser aussi; que les idées & les sensations de l'ame dépendent nécessairement de quatre principes; sçavoir de Dieu comme de leur cause efficiente prémiere; des objets, comme de leur cause exemplaire; de l'action des objets, sur les organes du corps, comme de leur cause efficiente seconde; & de l'ame méme, comme de leur cause matérielle: C'est à dire, que Dieu est le Peintre, que les créatures sont les originaux, que les rayons qui refléchissent des corps, sont les pinceaux, & que l'ame est la toile, sur laquelle se font les copies.

Il ne manque-là que du vermillon & du Zinzolin, on ne devoit pas les oublier.

Mais comment les Pinceaux de Monsieur Regis, qui ne sont qu'une matiére tres-subtile, peuvent-ils peindre sur une toile qu'on appelle *Ame*, & qui certainement n'est pas matérielle? Le Peintre qui est Dieu-même, a-t'il besoin de pinceaux pour peindre sur l'ame, ce qu'il veut qu'elle voïe ?

Que les pensées de Monsieur Regis sont peu Metaphysiques ! Qu'il connoît mal l'origine des idées ! Ne voit-t'il pas, que son discours n'est qu'un langage d'imagination, qu'on peut souffrir dans un Poëte, ou dans un Orateur, qui parle à un Peuple grossier, mais qui fait mépriser un Philosophe dont on attend de l'éxactitude.

Ne sçauroit-il s'élever au dessus de ses sens, pour contempler l'Etre Souverain, distribuant le mouvement dans la nature corporelle, à proportion du choc des divers corps, & appliquant à nos ames l'idée qu'il renferme de l'étenduë à mesure que nous sommes frapez des objets sensibles, & que la partie du cerveau qu'on appelle vulgairement le siége de l'ame, est ébranlée ? Y a-t'il là quelque chose qui aproche de tout cet attirail de Peintre, dont parle Monsieur Regis ?

Qu'il

Qu'il y pense un peu, s'il m'en croit, il connoîtra que les idées n'ont point de cause efficiente, puis qu'elles sont éternelles & nécessaires : il connoîtra qu'elles n'ont point de cause exemplaire, puis qu'elles sont elles-mêmes des modéles : il connoîtra qu'elles n'ont point de cause materielle, puis qu'elles ne sont pas des modifications de l'ame : il connoîtra enfin, que l'action des objets sur nos organes n'a point de liaison nécessaire avec ces idées.

CHAPITRE XII.

Que les sensations sont differentes des idées claires. Broüillerie de Monsieur Regis sur cette matiére.

NOtre Philosophe n'est pas plus heureux dans ce qu'il dit de l'idée qu'il a de son ame que dans le reste. Il nous répresente cette ame, comme se connoissant

System. Metap. ibid.

mieux que le corps, *parce*, dit-il, *que si elle connoît les propriétez du corps, elle connoît encore mieux qu'elle a la proprieté de le connoître.* Voilà bien de quoi il s'agit! Qui doute que l'ame ne connoisse son éxistence, par un sentiment intérieur qui ne la peut tromper, & qui précede toutes les connoissances qu'elle a des objets de dehors? Qui doute qu'elle connoît certainement, qu'elle a la propriété de connoître tout ce qu'elle connoît? Mais la question est de sçavoir, si l'ame connoît toutes les modifications dont elle est capable, comme elle connoît celles de la matiére, si elle peut connoître ce que c'est que la douleur & le plaisir, avant que d'avoir éprouvé l'un & l'autre, comme elle peut sçavoir ce que c'est qu'un *octogone*, avant qu'il y en ait de tracé. La question est de sçavoir, si l'ame peut comparer ses modifications entr'elles, comme elle compare les figures de Géométrie; si elle peut découvrir de combien un sentiment surpasse un autre ſentiment, & le déterminer avec la même éxactitude, qu'elle meſure des triangles & des quarrez.

Peut-être que Monſieur Regis a beſoin d'une meſure ſpirituelle, pour nous prouver ce qu'il enſeigne; mais cette meſure ne peut manquer à ceux qui ont une idée claire des Eſprits : ou ſi elle lui manque, il doit avoüer qu'il ne connoît pas ſon ame avec évidence, comme il connoît les propriétez de la matiére.

On peut déduire, dit-il, *auſſi facilement de l'idée de l'ame, les idées de la faim, de la ſoif, de la douleur, qu'on peut déduire de l'idée du corps humain, les idées des eſprits vitaux, des eſprits animaux, & des mouvemens libres.* Les mouvemens libres n'ont que faire-là, ſi ce n'eſt que Monſieur Regis veüille toûjours confondre l'ame avec le corps. Mais n'y a-t'il que le corps humain, où il y ait des eſprits vitaux, & des eſprits animaux? Si Monſieur Regis a l'idée d'eſprits Vitaux, c'eſt parce qu'il

Syſtem. Metap. ibid.

a l'idée de la matiére, qu'il voit clairement, capable d'être divisée en ces petites parties, qu'on appelle des esprits ou vitaux ou animaux, qu'il prouve donc qu'il a de même l'idée de son ame, par laquelle idée il peut déduire & mesurer toutes les propriétez de cette même ame.

* Syst. Metap. pag. 175.

Quand il dit * que *les sensations considerées en elles-mêmes, sont aussi claires que les idées*, ou il veut dire, qu'on peut comparer les sensations entr'elles & les mesurer éxactement : ce qui est faux, comme je viens de le faire voir. Ou il veut dire, qu'elles representent clairement la nature des objets sensibles. (Car il ne s'agit ici, ni de la réalité des sensations, ni de l'éxistence des corps qui semblent les causer.) Mais répresenter les raports de convenance ou de disconvenance que les objets ont avec nous, qui est tout ce que Monsieur Regis attribuë aux sensations, est-ce répresenter la nature de ces objets ? Qui ne sçait pas que répresenter clairement une chose, c'est répresenter cette chose selon ce qu'elle est en elle-même ? Or nos sensations nous répresentent-elles les objets sensibles selon ce qu'ils sont en eux-mêmes ? Nous sentons, il est vray, s'ils sont utiles ou nuisibles à la conservation du corps. Mais est-ce là connoîtte clairement ? Quelle pitié ! de confondre ainsi les ténébres du sentiment avec la clarté de la connoissance.

Pensons un peu à ce qui nous arrive quand nous voulons juger des objets par les sensations que nous avons à leur présence. Nous leur attribuons nécessairement le pouvoir de nous faire du bien & du mal, de nous rendre heureux par le plaisir, ou malheureux par la douleur, en conséquence de ce jugement nous les craignons, nous les aimons, nous nous y attachons, & nous leur transportons ainsi la gloire qui n'apartient qu'à Dieu : c'est la source du desordre du monde. Il faut pour nous desabuser, que nous nous élevions au dessus de nos sensations, & que nous consultions l'idée claire de la matiére, idée qui n'a pas plûtôt frapé l'esprit, qu'il reconnoît l'erreur où ses sens le jettent, & qu'il rend à Dieu ce qu'il lui avoit ôté.

Mais Monsieur Regis qui avoit fait tant d'honneur aux créatures en partageant la puissance entre elles & le Créateur, n'avoit garde de manquer à relever ses sensations. Elles lui représentent non seulement les raports de convenance, ou de disconvenance que les objets ont avec lui, elles lui réprésentent encore les raports *d'égalité* ou *d'inégalité qu'ils ont entre eux*. Cependant il est certain que des parallelogrammes nous paroissent quelquefois des quarrez, & des ellipses des cercles, & qu'il n'y a peut-être pas deux personnes qui voïent une même figure sous une même grandeur. Peut-être mêmes n'a-t'on jamais tracé de triangle ni de quarré parfait. D'où il suit nécessairement que ce n'est point par la veüe des figures que l'on connoît les raports d'égalité ou d'inégalité qui sont entre-elles, mais uniquement en consultant l'idée de l'étenduë qui est l'objet invariable de l'esprit, objet que l'esprit mesure selon les sentimens de couleur qu'il reçoit, & pendant que la main & les yeux sont appliquez à la figure sensible.

C'est donc en vain que Monsieur Regis s'applaudit à lui-même en disant, que *si l'ame semble ne se pas connoître elle-même; ce n'est pas qu'elle ne se connoisse mieux qu'elle ne connoît le corps, c'est qu'elle est toute occupée à considerer les objets matériels pour sa conservation.* Car qui lui a dit que cela est ainsi? S'il voit clairement ce qu'il dit, qu'il se tienne un peu au dessus du sensible, & qu'il discoure sur les perfections de son ame: peut-être nous apprendra-t'il ce que nous n'en sçavons pas. Il n'en doit pas être quitte, pour transcrire un long passage de saint Augustin, qui n'a nul raport à la question, il faut éclairer ceux qui Ibid.

demandent qu'on les instruise.

On sçait bien que l'ame pour veiller à la conservation de son corps, doit connoître les objets matériels : Mais il faut nous montrer non seulement que *c'est un avantage pour elle d'en être toute occupée*, comme le prétend Monsieur Regis : mais encore que dans cet état elle a une idée tres-claire d'elle-même, & dans le sens qui a été marqué. Jusqu'à ce que Monsieur Regis ait fait les preuves, il voudra bien qu'on lui soûtienne, que le premier est une impieté, & que le second est d'un Philosophe qui croit *connoitre* lors qu'il ne fait que *sentir*.

Ibid.

Reflex. pag. 124.

Monsieur Duhamel ne veut pas aussi que Monsieur Regis connoisse mieux son ame que son corps. La raison qu'il en aporte est incomparable. *L'ame*, dit-il, *connoît le corps intuitivement, immédiatement en lui-même :* Et comme l'Ecole dit, *per propriam speciem.* Et elle ne se connoît qu'*abstractivement & par le moyen du corps.* Donc elle connoît mieux le corps qu'elle ne se connoît elle - même. Cela est de soi - méme si évident qu'on auroit tort d'en demander la preuve : *L'ame voit les corps en eux-mémes. Elle a besoin du corps pour se connoître.* Un homme de bons sens, un Philosophe au dessus des préjugez n'en douta jamais. Et à quoi pense Monsieur Regis, de dire qu'il *importe plus à l'ame de connoître les objets extérieurs, que de faire attention à la connoissance d'elle - méme en tant qu'elle est un Esprit ?* Il est vrai qu'il ne parle que par raport à la vie presente ; mais on lui en fait un point de Morale proscrit par Aristote ; & aprés l'avoir accusé de sentir un peu *l'Origeniste*, on l'accuse * de détruire l'avis le plus important de la sagesse humaine, qui est le fameux *nosce teipsum.* Il faut pour étre irréprochable dans sa doctrine & pour le bien connoître, dire comme Monsieur Duhamel *qu'on voit les corps en eux-mémes, & qu'on ne se connoît que par le corps.* Il faut demeurer d'accord, *qu'on connoît ses sensations &*

Reflex. p. 124.

* Refl. pag. 130.

& ses passions par des idées, & non par conscience ou sentiment intérieur, sans craindre que s'il faut
Ibid. une seconde idée pour connoître la prémiere, il en faille une troisiéme pour connoître la seconde. Il faut comme lui sçavoir, *qu'on ne connoît ce qu'il y a de plus intelligible par soi-méme, que par une idée differente & de soi & de l'objet.* Monsieur Regis doit s'en tenir là ; & pourvû qu'il entende son Critique aussi-bien qu'il en est entendu sur la matiére des idées, je ne desespere pas qu'enfin ils ne s'accordent à laisser là les questions Philosophiques comme des choses qui ne leur conviennent pas.

CHAPITRE XIII.

Pitoïable refutation de Monsieur Regis par raport à quelques sentimens du P. MALEBRANCHE.

APrés avoir vû ce Philosophe prendre des sensations qui ne sont que ténébres pour des idées claires & distinctes, il seroit inutile d'examiner davantage sa doctrine touchant les idées. Qu'il en fasse tant de divisions qu'il lui plaira, il ne sçauroit rien dire que de confus. Quand un homme s'est écarté de son chemin, plus il va, plus il s'égare. On sçait cela. Mais peut-être est-il à propros d'éxaminer comment il s'oppose à un Auteur qui prétend que nous voyons les corps en Dieu, c'est-à-dire, dans l'étenduë intelligible que renferme la substance divine. *Si l'ame voit les corps en Dieu,* dit Monsieur Regis, *ce ne peut être que parce que Dieu est uni à l'ame. Or nous demandons,* ajoûte-il, *ce*

System. Metaph. ibid.

que c'est que cette union de Dieu avec l'ame. Et trouvant qu'elle ne resemble ni à l'union des corps, ni à l'union des esprits, ni à l'union des corps & des esprits, il conclût que l'ame n'est point unie à Dieu comme il faudroit qu'elle le fût, pour voir les corps en lui. Pourquoi Monsieur Regis veut-il que l'union de Dieu avec l'ame resemble à celle que les corps ou les Esprits ont entre-eux ? Dieu est-il de la nature des corps ou de celle des Esprits ? S'il n'est ni corps, ni esprit, étant infiniment élevé au dessus de toutes les substances, il doit étre uni aux Esprits de la maniére qui lui est propre. C'est un sentiment commun qu'il leur est uni sans *l'interposition* d'aucune nature.

On n'en demande pas davantage. Dieu est uni aux Esprits, non pas comme les créatures sont unies entre-elles, mais comme le Créateur est uni aux créatures intelligentes, non seulement qu'il conserve & qu'il modifie, mais qu'il éclaire, & qu'il rend participables de son amour. C'est à Monsieur Regis, lui qui a une idée si claire de son ame, à prouver par cette idée, & non pas par une induction badine, qu'il y a quelqu'autre chose avec quoi l'ame peut avoir une union immediate & plus parfaite qu'avec Dieu.

Une autre raison qui porte à croire que tout ce qu'on voit, on le voit en Dieu, c'est que c'est une suite de la dépendance de la créature, qu'elle ne tire tout ce qu'elle peut avoir de connoissance que de son Auteur. Monsieur Regis trouve que cela fait dépendre aussi le Créateur, de la créature. S'il s'expliquoit on lui répondroit. Mais comment s'expliqueroit-il sur une objection qui se contredit dans les termes ? *

* Lisez le chap. 20.

Il ajoûte, que si cela étoit ainsi, l'ame se verroit elle-même en Dieu, puisqu'on ne veut pas qu'elle soit sa lumiere à elle-même. Mais Monsieur Regis entend-t'il ce qu'il lit ? D'où vient qu'il supose que l'ame se voit, aprés qu'on lui a dit tant de fois qu'elle ne se voit pas ? Qu'il sçache que l'ame ne se peut voir qu'en Dieu, parce que Dieu seul en renferme l'idée, parce que Dieu seul est intelligible par lui-même, parce que l'ame dépend de Dieu ; mais qu'elle ne s'y voit pas présentement, parce qu'elle n'est pas unie à un corps pour s'occuper de ses propres perfections. Un jour viendra qu'elle s'y verra comme elle voit présentement l'archetype de tous les corps, parce qu'alors elle ne sera plus en danger de s'occuper trop d'elle-même.

Que lui serviroit de connoître présentement tout ce qu'elle est ? Puisque tout son devoir ici bas c'est de s'attacher à la loy de Dieu, & de mépriser les biens passagers, il lui suffit de connoître sa dépendance & son immortalité. Or tous les sentimens qu'elle éprouve lui font assez connoître sa dépendance ; & aïant une fois reconnu qu'elle n'est pas corps, elle voit assez qu'elle est immortelle : Ce qu'il est nécessaire qu'elle connoisse parfaitement c'est la matiére, afin que par l'idée claire qu'elle en a elle s'applique aux arts, & aux choses propres à la conservation de son corps, par lequel elle doit meriter son bonheur. Desirer autre chose, c'est ne pas penser à ce qu'on est, & se laisser emporter par une curiosité aveugle.

Mais, dit Monsieur Regis, si la substance divine réprésente tous les êtres, il faut que tous les êtres soient des parties *intégrantes ou des parties subjectives de Dieu*. Mais où est celui qui prétend que les êtres sont des parties de Dieu? Il faudroit que Monsieur Regis eût vû cette impieté dans les écrits de l'Auteur qu'il attaque, pour pouvoir lui faire l'objection qu'il lui fait. Cet Auteur montre que Dieu dans la simplicité de sa substance renferme les idées de tous les êtres, les perfections de tous les êtres, & qu'il découvre aux Esprits ces perfections en la maniére qu'il lui plaît. Y a-t'il là quelque chose d'aprochant de ce que veut lui attribuer Monsieur Regis? Et bannit-on ainsi de la dispute ou la pudeur ou le bon sens ?

Monsieur Regis aprés une Critique si moderée & si judicieuse nous a voulu faire voir la netteté de ses idées par la définition des veritez éternelles. *Ces véritez consistent*, dit-il, *dans les substances que Dieu a créées en tant que l'ame considere ces substances d'une certaine maniére, & qu'elle les compare suivant les différens raports qu'elles ont les unes aux autres.* Il s'ensuit de là, qu'avant qu'il y eût des substances il n'y avoit point de véritez. Dieu ne voïoit pas alors que deux & deux sont quatre ; il ne voïoit pas qu'il faut quatre côtez égaux pour faire un quarré ; il ne voïoit pas que l'esprit seroit plus noble que le corps. Ce n'est pas de lui-même qu'il tire les connoissances qu'il a de ces veritez, c'est des substances qu'il a créées. Dieu n'est plus à lui-même sa lumiere.

Systеm. Metaph. ibid.

Monsieur Regis dira peut-être, que Dieu connoît ses volontez qui font que les substances ont tels ou tels raports ; & que cela lui suffit. Mais Dieu a pû ne pas vouloir qu'il y eût des substances, il pouvoit donc aussi ne pas sçavoir que deux & deux sont quatre. Mais si cette vérité est nécessaire, comme chacun le conçoit, les substances non seulement sont éternelles, comme le dit Monsieur Regis sous le mot de *Perpetuelles*, elles sont encore nécessaires. Et si les raports que les substances ont entre-elles sont changeans, la volonté de Dieu qui produit ces changemens ne lui représente jamais les mêmes raports. Il n'y a donc rien de fixe dans les connoissances de Dieu : Et comme Dieu peut cesser de vouloir des substances, il peut par la même voïe effacer toutes ses connoissances. Plus de lumiere en Dieu, plus de prescience, plus d'ordre, ni de régle dans sa conduite.

Monsieur Regis ne sçauroit-il voir, que lors qu'on parle de véritez, il ne s'agit pas de substances, mais des idées de ces substances ? Quand on parle de *veritez numériques*, on parle des idées des nombres, comparées entre-elles, que saint Augustin appelle *nombres nombrans*. Quand on parle de *véritez géométriques*, on pense à l'étenduë intelligible l'idée ou l'archetype de la matiére, où l'on conçoit des lignes que l'on compare entre-elles. Quand on parle de *veritez metaphysiques*, on ne parle ni de l'homme, ni de cheval, on compare l'idée d'homme avec celle de cheval. Ainsi les véritez doivent être définies *les raports qui sont entre les idées*. Cette définition est plus courte que celle de Monsieur Regis : mais je suis sûr que ceux qui l'éxamineront la trouveront plus solide. Or sur quel fondement peut-on prétendre que les substances, qui ne sont que les expressions de ces idées, soient *éternelles* ou *perpétuelles*; & qui peut douter que les idées ne le soient pas ? Dieu les voit, & les compare ces idées, Monsieur Regis n'en doit pas douter. Dieu les a toûjours comparées; & ce sont elles-mêmes que nous comparons, puisque les mêmes véritez ne peuvent être aperceües que dans une même lumiere. Mais où trouverons-nous cette lumiere qui éclaire Dieu même, si ce n'est dans la substance de Dieu même ?

Ces véritez, dit Monsieur Regis, *ne sont immuables qu'en tant qu'elles peuvent être comparées ensemble, & que Dieu a voulu que les ames fussent déterminées à concevoir la même verité, quand elles les compareroient de la même maniére.* Qui lui a dit, que Dieu l'a voulu ainsi ? Où voit-il cette volonté ? Il a raison de dire * que cette idée qu'il a des véritez éternelles est bien différente de celle qu'ont certains Philosophes. Elle en est si différente qu'il doit s'attendre à demeurer seul de son sentiment.

* Ibid.

CHAPITRE XIV.

Ce que c'est que la volonté & la liberté. Monsieur Regis n'a nulle notion de ces deux facultez. Il confond la sagesse du Paganisme avec la véritable sagesse propre à l'état d'innocence.

IL semble que Monsieur Regis aprés s'être vanté d'avoir une idée claire & lumineuse de son ame, devoit nous montrer par cette idée, ce qui fait que l'ame veut toûjours le bien, ce qui fait qu'elle distingue entre le vrai & le faux, le juste & l'injuste ; ce qui fait qu'elle choisit entre plusieurs biens particuliers, celui qui lui semble l'accommoder davantage ; pourquoi elle choisit bien, pourquoi elle choisit mal. Mais comme si cela demandoit de trop longs discours, il divise l'ame en facultez qu'il appelle *Intelligence*, *raison*, *jugement*, *volonté proprement dite*, *libre arbitre* ; & de toutes ces volontez, il compose la volonté en général, qui est selon lui, *la puissance qu'a l'ame d'affirmer & de nier; & de fuïr ou d'embrasser ce que l'entendement lui représente, comme vrai ou faux, & comme bon ou mauvais*. De sorte, que si on lui demande ce que c'est que la Raison, il répond que *c'est la puissance qu'a l'ame de joindre ou séparer deux ou plusieurs choses, suivant qu'elles ont des raports d'égalité ou d'inégalité*. Si on lui demande ce que c'est que *la volonté proprement dite*, il répond que *c'est la puissance qu'a l'ame de se joindre & de se séparer des choses qui ont avec elle des raports de convenance, ou de disconvenance, &c.* Ibid.

Monsieur Regis en étant là, pouvoit bien se passer de nous faire valoir ses idées. Car il semble, que c'est pour lui un meuble assez inutile, ayant des substances créées, & des *facultez* ou *puissances*, d'où dépend toute sa lumiére. Mais ne craint-il point qu'on ne se moque de lui, comme peut-être il s'est moqué de bien d'autres qui raisonnoient comme lui, par *vertus*, *puissances* & *facultez*? Est-ce par là, qu'il veut nous faire voir qu'il a une idée claire de son ame?

Pour moi, je ne connois la mienne, que par un sentiment intérieur, qui ne me permet pas de douter, que c'est une nature sensible & intelligente.

Mais je connois assez la dépendance de la créature, pour sçavoir encore, que l'ame ne tire point de son fonds, ni le mouvement qu'elle a pour le bien, ni les idées qui l'éclairent & qui la conduisent.

Outre, que la Raison me persuade, que puis que je ne puis suspendre le mouvement que j'ai pour le bien, c'est une nécessité, que ce mouvement me vienne de dehors, & que n'étant pas le maître de mes idées, qui souvent me resistent ou se présentent à moi malgré moi, il faut que je les reçoive d'une autre substance, que de la mienne. Or de qui l'ame peut-elle dépendre, si ce n'est de son Créateur ? Qui pourroit être au dessus d'elle, sinon, celui qui la faite ce qu'elle est ? Je me trouve donc bien fondé à croire, que si l'ame ne peut s'empêcher de vouloir le bien, c'est qu'elle reçoit continuellement l'impression de son Créateur, qui ne pouvant avoir d'autre fin que lui-même, la porte continuellement vers lui-même qui est le bien ; & que si elle peut recevoir des idées, dont le nombre est infini, c'est que la substance infiniment infinie, qui les renferme toutes, lui est toûjours présente.

Or comme nous pouvons nous attacher, tantôt aux unes de ces idées & tantôt aux autres, que nous les joignons & les séparons comme il nous plaît, & que nous bornons, si nous voulons, aux biens particuliers qu'elles nous représentent, le mouvement que nous avons vers le bien en général, quoique ce mouvement ne cesse jamais, nous sçavons que nous sommes libres. Nous le sçavons dis-je, non par une connoissance claire. Il faudroit pour cela connoître clairement toutes les propriétez de l'ame : Mais parce que nous sentons ce qui se passe actuellement en nous.

Il n'en faut pas davantage, pour être aux fondemens solides de la Morale. Mais Monsieur Regis n'a garde d'y venir. Il s'est imaginé que l'ame tire de son propre fonds sa lumiére, & l'amour qu'elle a pour le bien : il s'est imaginé que ses sensations l'éclairoient. Il falloit bien qu'aprés cela, il ne reconnût plus de corruption dans la nature ; & qu'en batissant ainsi, sur le plus faux principe qui fut jamais, il ne parlât de l'ame, qu'en disant ou ce que tout le monde sçait bien, ou des choses qui sont démenties par l'expérience & par la Foi.

System. Metaph. p. 214. 217.

Quand il dit, par exemple, *que l'amour de la promenade, de la lecture, de la chasse, est une fonction du libre arbitre ; par ce que les raports de convenance ou de disconvenance, que la promenade, la lecture*

System. Metap. pag. 210.

ture & la chasse ont avec nous, ne sont pas nécessaires, mais contingens. Croit-il parler à des gens qui sçachent ce qui se passe en eux-mêmes ? Qui ne sçait pas, que bien qu'on soit tantôt en humeur de se promener, de lire, de chasser, & que tantôt on n'y soit pas : que bien qu'on puisse même ne point lire, ne se point promener, ne point aller à la chasse, dans le tems qu'on auroit bien envie de faire l'un ou l'autre, on ne se dépoüille pas néanmoins de l'amour de ces sortes d'exercices, comme d'un habit de cérémonie ? Je sçai un Chasseur que l'amour de la chasse reveille dés deux heures du matin, & qui se plaint souvent de n'aimer pas autant à lire qu'à chasser. J'aimerois à voir Monsieur Regis philosopher contre-lui, & lui dire, Monsieur, *l'amour de la chasse est une fonction du libre arbitre. Il vous est libre de l'aimer ou de ne l'aimer pas, parce que cét exercice n'a pas toujours avec vous un raport de convenance.* Je suis certain que le chasseur n'en croiroit pas le Philosophe.

* Syst. Metaph. p. 229. *Nous n'aurions jamais*, * dit ailleurs Monsieur Regis, *de mauvaises affections, si le libre arbitre n'aimoit que de véritables biens.* Ainsi, les justes qui n'aiment librement que les vraïs biens, n'ont point de mauvaises affections, ils n'éprouvent point en eux-mêmes ce combat que saint Paul éprouvoit, la concupiscence est détruite en eux; ils ont tort de gémir. Le Concile n'y entendoit rien.

System. Metap. p. 256. Ceci vaut mieux. *Le libre arbitre demeurant dans ses bornes, se termine aux choses qui sont véritablement bonnes.* La liberté en effet, ne se trouvant parfaite, que dans un attachement perpétuel & inviolable au vrai bien. Mais comment Monsieur Regis accordera-t'il cette proposition avec celle-ci * qui précede; *Ceux qui suivent constamment le vice, sont plus libres en un sens que les autres?* S'il est vrai, que *le libre arbitre demeurant dans ses bornes, se termine aux choses qui sont véritablement bonnes*, il est certain aussi que le libre arbitre

* Syst. Metap. p. 253.

de ceux qui *suivent constamment le vice*, est en tout sens, le plus foible & le plus languissant; puis qu'il ne demeure nullement dans ses bornes, & qu'il ne se termine qu'au mal. Mais laissons Monsieur Regis se contredire, & éxaminons, si ce qu'il dit, est vrai.

Ceux qui suivent constamment le vice, sont ceux que leurs passions emportent. Les passions dépendent des traces que les objets sensibles ont faites sur le cerveau. Les sentimens de l'ame sont proportionnez à la profondeur & au renouvellement de ces traces. Donc ces sentimens sont d'autant plus vifs & plus fréquens, que les traces sont plus profondes, & plus fréquemment rénouvelées. Or ces mêmes sentimens ocupent l'ame toute entiére, & lui dérobent la connoissance de ce que les objets sont en eux-mêmes. Donc ils l'empêchent aussi de juger & de suspendre.

Car pour juger il faut connoître. D'où il suit clairement, que ceux qui *ſuivent conſtamment leurs paſſions*, ſont en tout ſens les moins libres de tous les hommes, & que de dire le contraire, c'eſt faire voir, qu'on n'a étudié *l'homme*, que pour ne le pas connoître.

Voici enfin l'homme libre de Monſieur Regis, cét homme dont le *libre arbitre n'aime que de véritables biens*, & qui par conſéquent, *ne peut avoir de mauvaiſes affections*. C'eſt ce Sage, ſi bien décrit dans la ſeptiéme Satyre du deuxiéme Livre d'Horace, ce Sage *qui étant le maître de ſes paſſions a l'idée de ſon devoir toûjours préſente à l'eſprit*. Mais Monſieur Regis penſe-t'il à ce qu'il dit, quand il nous donne un Sage du Paganiſme, pour un homme qui eſt *maître de ſes paſſions, qui n'a point de mauvaiſes affections ?* Où ſe trouve la corruption de la nature, ſi elle n'eſt pas dans un Païen ? Je nie que ce Sage d'Horace ſoit véritablement Sage.

Syſtem. Metap. ibid.

C'eſt un Sage qui ſe doit tout à lui-même, qui tire ſa vertu de son propre fond, qui par ses propres forces prétend s'élever au dessus de toute la nature, qui affecte l'independance, pendant qu'il sent bien qu'il dépend de tout.. Y a-t'il rien de plus insensé qu'une telle sagesse ? Peut-elle passer pour autre chose, que pour l'orgueil le plus detestable, & pour l'effet de la plus funeste corruption ? A quoi pense Monsieur Regis encore un coup, de proposer l'exemple du Sage d'Horace à ceux dont la vie doit être un anéantissement continuel de leur être ? S'il a connu nôtre corruption & nôtre impuissance, pourquoi nous proposer une sagesse chimérique ? Et que ne nous conduit-il de la source de nos maux à leur véritable remède ?

A ne regarder mêmes que la vie présente, le Sage d'Horace & de Monsieur Regis étoit un sot. Puisque de se priver des plaisirs des sens, sans avoir en veuë la vie future ni la Justice d'un Dieu vangeur, s'est se rendre doublement malheureux.

Mais Monsieur Regis voudroit-il bien nous aprendre, si son Sage est un *homme de bien* ou un *homme de merite ?* Car il met assez de différence entre ces deux caractéres. Ce n'est pas un *homme de merite* ; car selon Monsieur Regis, les gens de merite se proposent d'obtenir quelque recompense ; & ce Sage ne s'en propose point. C'est donc un *homme de bien*, c'est à dire, dans le langage de Monsieur Regis, un homme qui ne se propose que de remplir son devoir. Mais ce Sage est parfaitement libre, & le merite est lié necessairement avec l'exercice de la liberté. Il n'importe. Le Sage est le plus libre de tous les hommes. Il est homme de bien, & n'est point homme de merite. Monsieur Regis l'a dit, & bien qu'il se contredise dans les termes, il faut l'en croire sur sa parole.

Systém. Metap. ibid.

Ibid.

Cependant Monsieur Duhamel, ne goûte point ce que dit * ce Philosophe, sur les peines & sur les recompenses. *Dire*, comme fait

* Ibid.

Monsieur Regis, *qu'on ne punit ou recompense les actions que pour exciter ceux qui les font à en faire ou à n'en pas faire de semblables*, c'est, selon Monsieur Duhamel, laisser la perseverance sans recompense, & l'impénitence sans punition; c'est vouloir que nous ne soïons ni punis, ni recompensez aprés la mort. Il faut, dit-il, * que Monsieur Regis qui met tant de différence entre *un homme de bien*, & un *homme de merite*, n'ait pas distingué la faculté *quæ se tenet ex parte operis*, de celle *quæ se tenet ex parte operantis*. C'est Aristote qui fournit cette distinction; & on ne peut rien demander aprés cela, pour sçavoir ce qui fait l'homme de bien, & l'homme de merite. Revenons à Monsieur Regis. Duham. Reflex. p. 168. P. 172.

Un des plus beaux endroits de sa Philosophie, c'est celui où il dit, *que ce qui paroît forcé dans l'amour de ces amans malheureux que chantent les Poëtes, ne vient que de l'indifférence objective qui les met en état de ne sçavoir quel par-* Systém. Metaph. p. 352.

ti ils doivent prendre, les raisons qui les sollicitent à quitter leurs maîtresses étant presque égales à celles qui les persuadent de les aimer.

Mais Monsieur Regis confond encore la raison avec le sentiment. Plus un de ces amans forcez raisonne, plus il connoît l'état malheureux où son amour le reduit. Il voit qu'il est dans un esclavage honteux, il voit que sa maîtresse abuse de sa foiblesse, qu'il neglige pour une infidele & une sotte tout ce qui peut lui faire honneur, qu'il perd son repos, qu'il consume son bien, & qu'on se moque de lui. Il voit tout cela. La raison ne lui peut dire autre chose. Mais cela ne le corrige pas. Un sentiment flatteur & caressant oppose mille plaisirs aux secheresses de la raison. C'est un avantgoût qui le charme, & son cœur affoibli ne peut plus quitter l route qu'il a prise, à moins qu'un autre sentiment plus vif & plus agréable ne l'en détourne. C'est là le principe de l'esclavage des amans & du malheur dont ils ſe plaignent ; & non pas cét état de ſuſpenſion dont parle Monſieur Regis.

Pour faire le mal, dit-il ailleurs, * *il ne faut pas connoître clairement qu'on le fait, parce que ſi on le connoiſſoit ainſi, on ne le feroit pas.* Ne diroit-on pas qu'il parle à des Préadamites, à des hommes ſans concupiſcence ? Qui ne ſçait pas que ſi nous ne faiſons pas le bien, ſouvent ce n'eſt pas faute de le connoître clairement, c'eſt qu'il y a en nous un poids qui nous entraîne, un ſentiment qu'on ne peut bien exprimer, mais qu'on n'éprouve que trop, dont la douceur nous fait abandonner, la lumiere, & nous porte vers les objets à cauſe de l'action deſquels il eſt produit. Monſieur Regis voudroit-il bien en croire un Païen qui parle de bonne foi. *Video meliora proboque : deteriora ſequor.* Le ſentiment, par exemple, que l'ame reçoit continuellement en conſéquence du renouvellement continuel des traces qu'une belle per-

Syſtem. Metaph. p. 238.

sonne a faite dans la tête de son amant, le gagne malgré tout le langage de la Raison : Et parce que ce sentiment victorieux est produit dans l'ame à l'occasion des mouvemens du corps ; & qu'il ne découvre point à l'ame ce qu'un objet est en lui-même, mais qu'il la convainc seulement, qu'elle devient en quelque sorte heureuse par la joüissance de cet objet, le parti que ce méme sentiment fait prendre à l'ame est appellé le fruit de la partie inférieure de l'ame. C'est-à-dire, qu'on appelle l'ame même *partie inférieure* en tant qu'elle se conduit par ses sentimens, comme on l'appelle *partie supérieure* en tant qu'elle s'éleve au dessus des sens, pour consulter la Raison. Ce sont des notions que Monsieur Regis a confonduës, & qu'il ne devoit pas confondre.

S'il avoit consulté Monsieur Duhamel touchant le libre arbitre, il se seroit épargné bien de la peine. Ce Philosophe a des maniéres les plus abrégées & les plus claires du monde pour expliquer d'abord tout ce qu'on lui propose. *L'indifference*, dit-il, *requise pour le libre arbitre est une indifférence prochaine & immediate pour agir ou ne pas agir*, indifférence qui joint deux puissances distinguées ; ce qu'on appelle *in sensu composito potentiarum*. Or si l'on n'a pas l'indifference *in sensu composito actuum*, on l'a *in sensu diviso actuum* : c'est-à-dire, si, supposé qu'on agisse, on ne peut pas ne pas agir, on a l'indifférence *in sensu composito potentiarum*, & on a toûjours la liberté d'agir ou de ne pas agir. Reflex. p. 154. Ibid.

Aprés cela peut-on avoir des difficultez touchant la liberté humaine ? Que d'écueils Monsieur Regis auroit évitez par le moïen de ce Théologien, dont la doctrine est la seule qui soit toute pure & sans défaut ! Il auroit appris en le consultant que saint Paul desiroit sortir du monde pour être uni à JESUS-CHRIST. Que bien des gens se sont donné la mort. Qu'il y a un amour desinteressé Reflex. de M. Duham. p. 161.

que la Morale de tous les Philosophes & Théologiens inspire pour Dieu ; & qu'ainsi l'ame n'aime point essentiellement son union avec le corps. Il auroit appris, que nos vœux, nos prieres & nos sacrifices ne sont pas inutiles, & que le monde n'est pas éternel. Peut-être n'auroit-il pas reconnu cette inutilité *des sacrifices*, & cette *éternité du monde* dans les endroits d'où son adversaire tire l'une & l'autre. Mais ce sont des conséquences renfermées dans sa Philosophie ; c'est toûjours la même chose. Et Monsieur Duhamel appuïé de la foule des Philosophes & Théologiens peut conclure ce qu'il lui plaît.

Monsieur Regis de la liberté humaine passe à la liberté de Dieu. C'est une grande matiére. Il nous avoit promis * qu'en pareil cas *il ne se consulteroit point lui-même ; mais qu'il s'éleveroit en esprit pour consulter l'idée vaste & immense de l'Etre infiniment parfait*. Cependant le voici qui s'humanise. Ce n'est pas l'idée d'un Etre infini-

* Syst. Metaph. pag. 89.

ment parfait, c'est la notion qu'il a de la liberté humaine qui le conduit à la connoissance de la liberté de Dieu. Or comme tout ce qu'il a dit de la liberté humaine, il ne l'a dit qu'en se consultant lui-même, quoi qu'il se soit tres-mal consulté, il s'ensuit qu'il ne parle de la liberté de Dieu que suivant ce qu'il croit sentir en lui-même. C'est une tres-méchante methode. Car assûrement Dieu n'est pas libre comme nous. Il l'est dans un sens tout opposé. Dieu se suffit pleinement à lui-même. Donc il peut ne rien produire au dehors de lui-même. Nous ne nous suffisons pas. Donc nous cherchons invinciblement nôtre bien au dehors. Dieu aime invinciblement sa gloire; & son intelligence est infinie. Donc en agissant au dehors il ne peut agir que selon ce qu'il est. Nôtre intelligence est bornée. Donc nous pouvons nous méprendre, ou de deux biens qui se presentent à nous, prendre le moindre, & nous faire tort à nous mêmes.

System. Metap. p.212.

Je ne croi pas qu'aprés cela il soit nécessaire de refuter le peu que dit Monsieur Regis, de la liberté de Dieu. Le faux & le ridicule de ses sentimens se manifeste de soi-même.

CHAPITRE XV.

On fait voir que Monsieur Regis n'a nulle notion du bien & du mal.

IL est aisé de juger que Monsieur Regis traite *du bien* & du *mal* comme il a traité du libre arbitre. *Dieu*, selon lui, *est la cause de tous les biens*. On en convient. Et *il n'est la cause d'aucun mal*. Il faut l'entendre. *Dieu*, dit-il, *n'est pas la cause du mal naturel pris formellement. Car si un homme a trois bras & deux têtes, c'est à la vérité Dieu qui produit ces trois bras & ces deux têtes : mais ce n'est pas lui qui fait que ces trois bras & ces deux têtes disconviennent à cet homme. Ce défaut vient immediatement de ce que cet homme est de telle nature, qu'il ne sçauroit étre parfait, & avoir trois bras & deux tétes.*

La réponse n'a pas beaucoup coûté à Monsieur Regis, elle est simple & facile. Mais d'où vient que cet homme est de telle nature, qu'il ne sçauroit être parfait & avoir trois bras & deux têtes? N'est-ce point parce que les idées éternelles que Dieu contemple représentant cet homme plus parfait avec deux bras qu'avec trois, & avec une tête qu'avec deux, il a voulu faire l'homme avec une tête & avec deux bras. Or si Dieu l'a voulu faire de cette figure, il s'agit d'expliquer comment Dieu, sans démentir sa sagesse, le fait avec deux têtes & trois bras. *Ce n'est pas Dieu*, dit Monsieur Regis, *qui fait que ces trois bras disconviennent à cet homme.* Monsieur Regis n'est pas d'acord avec lui-même. Car selon lui, si l'homme est de telle ou telle nature, c'est que Dieu l'a voulu ainsi. Or si Dieu a voulu que la nature de l'homme fût d'avoir deux bras & une tête, d'où vient qu'il lui fait deux têtes & trois bras ?

Que Monſieur Regis medite un peu ſur les loix de la communication des mouvemens, il trouvera que ces loix ne peuvent manquer d'avoir des ſuites fâcheuſes. Et qu'il conſulte un peu l'idée d'un Etre infiniment parfait, il trouvera, que ces loix, qui ne ſont que ſa volonté ſans ceſſe agiſſante à l'ocaſion du choc des corps, ſont tres-dignes de ſa ſageſſe, & que pour quelques inconveniens qui ne troublent point le corps de ſon ouvrage, il n'en doit pas troubler l'uniformité. Cela bien compris une fois. On voit, que bien que Dieu veüille les monſtres, puiſqu'il les fait, il ne le veut pas néanmoins directement comme les corps parfaits, mais ſeulement en conſéquence de ſes loix : ce qui fait qu'on attribuë communément aux cauſes qu'on appelle *ſecondes* tous les déréglemens de la nature.

Monſieur Regis eſt bien loin du

denoüement de la difficulté, lors qu'il dit, que l'homme n'a pas sujet de se plaindre de n'être pas plus parfait qu'il est, sur ce fondement, *que l'homme n'est pas fait pour lui-méme, mais pour l'Univers, à la perfection duquel il contribuë davantage étant ce qu'il est que s'il étoit autrement.* Car il faut ou que Monsieur Regis prouve que l'Univers est plus parfait que s'il n'y avoit nul desordre dans les corps & dans les esprits, ou qu'il prouve, non par l'exemple de la mort, qui pour être la peine du péché ne passa jamais pour un déréglement de la nature, mais sans donner le change & par l'idée de l'Etre parfait, que la sagesse de Dieu paroît plus au milieu des desordres du monde, que s'il n'y avoit point de desordres.

Syftem. Metaph. p. 263.

Mais que prétend Monsieur Regis quand il dit, que *Dieu produit nos mauvaises affections en veüe de rendre plus parfait l'Univers.* Est-ce que le déreglement des cœurs est nécessaire à Dieu? Les grands évenemens qui fu-

Syftem. Metaph. p. 239.

rent les ſuites de la mauvaiſe action des freres de Joſeph (puis qu'il plaît à Monſieur Regis d'aporter cet exemple) prouvent bien que Dieu ſçait faire ſervir à ſes deſſeins ce que les hommes peuvent commettre de plus horrible : mais prouvent-ils que Dieu mette dans un cœur les pensées déteſtables dont ces actions ſont les ſuites ?

Monſieur Regis dira, que *toutes nos affections ſont bonnes entant qu'elles procédent de Dieu & des objets*. Mais qu'il s'explique. Les affections des freres de Joſeph, entant que bonnes, c'eſt-à-dire, entant que procédant de Dieu & des objets pouvoient-elles ſervir à la beauté de l'Univers ? Si elles le pouvoient, il n'étoit pas néceſſaire qu'elles devinſſent mauvaiſes. Et qui eſt-ce qui les a renduës mauvaiſes ? Si elles ne le pouvoient pas, il eſt faux que Dieu en les produiſant ait eu en veüe *de rendre plus parfait l'Univers*.

Monſieur Regis ne raiſonne pas

plus juste, quand il dit*, que *ce n'est que par erreur qu'on dit qu'il y a des biens du corps qui ne regardent pas l'ame.* Car par exemple, dit-il, *la gourmandise qui passe pour un bien du corps, est un véritable mal du corps & de l'ame; du corps entant qu'elle ruine la santé, & de l'ame entant qu'elle trouble la raison.* Où a-t'il pris que la gourmandise passe pour un bien du corps? C'est un bien du corps de boire & de manger, parce que la conservation du corps dépend de là: mais peut-on penser, que ce soit un bien pour le corps, que de boire & manger trop? Il est vrai, que ce qui est un mal du corps, devient souvent nuisible à l'ame. La gourmandise en est un bon exemple. Mais ce n'est pas-là de quoi il s'agit. Il faut que Monsieur Regis, sans donner le change, montre qu'il n'y a point de bien du corps qui ne regarde l'ame, & qu'il réponde à ce petit raisonnement.

* System. Metap. p. 235.

Ce qui est un bien du corps, est ce qui rend le corps plus vigoureux & plus parfait, comme de boire & de manger. Or de boire & de manger ne rend pas l'ame plus parfaite.

Donc ce qui eſt un bien du corps, n'eſt pas un bien de l'ame, & ne regarde l'ame qu'en ce ſens, qu'à l'ocaſion de ce bien du corps, elle reçoit des ſentimens qui font qu'elle s'intereſſe à la conſervation de ce même corps.

Il eſt ſurprenant, qu'un Auteur qui prétend avoir en tout ſens une idée claire de ſon ame, en confonde néanmoins toutes les proprietez avec celles du corps, & ne s'explique jamais ſur ce qu'il lui attribuë. *Les objets extérieurs*, dit-il, *mettent dans le cœur certaines diſpoſitions qui font, que l'ame ne peut, tandis qu'elles durent détourner ſon attention de ces objets.*

Syſtem. Metaph. p.242.

Cela veut dire en termes Philoſophiques, que les objets font des traces ſur le cerveau, que l'ame par ces traces reçoit des ſentimens, & ſe fait des habitudes. Mais eſt-ce expliquer ces habitudes, que de les appeller *de certaines dispositions ?* Est-ce parler en homme qui a des idées claires sur le sujet dont il traite ? On peut dire, en parlant des habitudes corporelles, que les esprits animaux se sont faits certaines routes, par lesquelles ils passent facilement. On conçoit clairement *ces certaines routes*, & si on ne marque pas celles où passent les esprits animaux, on en peut marquer une infinité de semblables : ce qui suffit. Mais je défie Monsieur Regis, de nous donner une idée claire de *ces certaines dispositions* qui sont les habitudes de son ame.

Loin de la connoître clairement cette ame, il semble même qu'il ne sente pas ce qui se passe en lui-même : du moins il ne connoît pas les effets du plaisir qu'il reçoit par le moyen des objets sensibles. Tout le monde sçait, que ce plaisir est agréable. On y court comme au bonheur, & il n'y a personne qui ne se trouve heureux dans le tems qu'il en joüit. C'est donc une espéce de bonheur. Ce n'est pas un bonheur solide, ni qui rende l'ame plus parfaite, mais du moins c'est un bien pendant qu'il dure. Il est troublé ce bien par des reproches intérieurs. La raison le condanne comme injuste & trompeur. Mais tout cela n'en change point la nature, & il est toûjours agréable en lui-même. Personne n'en douta jamais. Mais Monsieur Regis prononce, que *par le plaisir qui nous rend actuellement heureux, on ne peut entendre que la satisfaction intérieure de l'ame.* Parce que n'ayant pas sçû distinguer entre le bonheur & la perfection, il ne distingue pas aussi entre un bien passager & trompeur, & un bien solide & permanent.

System. Metaph. p. 245.

CHAPITRE XVI.

On fait voir que par les principes de Monſieur Regis, il n'y a point de corruption dans la nature, & que l'ame meurt avec le corps.

MOnſieur Regis ne comprenant rien, comme il le dit lui-même, dans un certain ordre, qu'on prétend que Dieu ſuit toûjours, ne pouvoit pas éviter les erreurs où on le trouve à tous momens. Car où auroit-il connu des régles de juſtice ? Cét ordre que Monſieur Regis fait ſemblant de chercher & qu'il ne trouve pas, conſiſte dans les raports de perfection qu'ont entr'elles les idées qui repréſentent tous les Etres. Syſtem. Metaph. p. 261.

Un Eſprit eſt plus noble qu'un corps, parce que l'idée qui repréſente l'Eſprit, contient plus de perfection, que celle qui repréſente le corps. Cela étant ainſi, Dieu aime néceſſairement l'Eſprit plus que le corps, & l'aimant davantage, il ne le peut pas faire dépendre du corps, à moins que cét être ne se rende inferieur au corps. C'est ce qui lui est arrivé, en désobeïssant à son Auteur. Il auroit été anéanti, si Dieu n'avoit pas eû en veuë son Réparateur. Mais quelque reméde qui lui ait été préparé, il a fallu que par son assujettissement au corps, il ait porté des marques éternelles de sa désobeïssance & de l'indignation de Dieu. C'est ce que la Raison & la Foi nous découvrent également. Mais Monsieur Regis ne l'entend pas ainsi. Il tranche*, que *la plus grande perfection de chaque chose, c'est d'être ce qu'elle est, & ce que les loix de la nature éxigent qu'elle soit*. C'est assez bien faire entendre, ce me semble, qu'il n'y a point de déréglement dans la nature, & qu'avec cette oposition continuelle, qui se trouve entre nôtre raison & nos volontez, nous ne sommes point corrompus. Monsieur Regis trouve-t'il, que saint Augustin qu'il cite quelquefois, ait été de ce sentiment.

* Syst. Met. p. 263.

ment. Il se soûmet néanmoins à la Foi qui lui dit, *que la perfection d'Adam avant le péché étoit plus grande que la nôtre aprés le péché:* Mais ce n'est qu'à condition qu'il croira, ou qu'*Adam étoit indépendant des loix de la nature:* ou que *s'il en dépendoit, ces loix ont été changées ensuite de son péché.* Monsieur Regis croira s'il veut qu'Adam innocent fût plus parfait, qu'Adam pécheur. Mais Adam innocent n'étoit point indépendant des loix de la nature. Ibid.

Ce n'étoit que par elles qu'il pouvoit conserver sa vie: & ces loix n'ont point été changées ensuite de son péché, il a seulement perdu le pouvoir qu'il avoit de les suspendre en certaines occasions.

Ce qui est l'unique source de cette corruption générale où tous les hommes, & Monsieur Regis lui-même, sont plongez.

Ce qui a trompé ce Philosophe, c'est qu'il n'a consideré l'ordre naturel qu'à demi.

Il a vû que rien ne pouvoit être

mieux réglé, que cette ſuite de ſentiment, que nous avons par raport à nos corps, & à ceux qui nous environnent. Il a jugé de là, que nôtre plus grande perfection, c'eſt d'être ce que nous ſommes, & ce que les loix de la nature éxigent que nous ſoïons ; parce qu'il n'a pas voulu voir, que de légers ſentimens ſuffiſoient pour nous avertir de nous aprocher ou de nous éloigner des choſes néceſſaires ou contraires à la conſervation de nôtre être. Car s'il avoit fait reflexion ſur ces douleurs, qui nous impatientent, juſqu'à nous faire murmurer contre la Providence du Créateur, ou qui tout au moins nous mettent dans l'impuiſſance de penſer à lui : Sur ces plaiſirs qui nous charment & qui nous enivrent, qui nous font oublier ce que nous ſommes, contre leſquels la Raiſon, & la Foi-même toute ſeule, ne peuvent rien, auroit-il pû dire, que *nôtre plus grande perfection, c'eſt d'être ce que nous ſommes ?* Et n'auroit-il pas reconnu, que bien que ces sentimens si vifs, soient des suites des loix naturelles tres-parfaites en elles-mêmes, ils ne peuvent être néanmoins qu'un chatiment tres-réel, tiré de l'impuissance où nous sommes, de suspendre les mouvemens du corps, sur lequel nous devons naturellement avoir un empire que nous n'avons pas ?

Y a-t'il un débauché qui ne s'accommodât de la maxime de Monsieur Regis, si ce Philosophe au milieu de la débauche, venoit prononcer, que *la plus grande perfection de l'homme, c'est d'être ce qu'il est* ; c'est à dire sensible & capable de plaisirs, qui lui ôtent toute la connoissance des vrais biens ? Mais comment seroit-il reçû ce même Philosophe, d'un homme couvert d'ulcéres, qui souffriroit dans toutes les parties de son corps ? Diroit-il, que *la douleur n'est pas un mal*, que *c'est une perfection d'en souffrir de si cuisantes ?* Je sçai bien qu'il n'en seroit pas crû sur sa parole. Le malade se plaindroit toûjours, ses plaintes exciteroient la compassion : & l'insensible Monsieur Regis, seroit bien-tôt obligé de se taire. Venons à la maniere dont il parle de l'ame séparée du corps.

Ceux qui distinguent l'ame du corps, conçoivent aisément que tous les sentimens qui se passent dans l'ame, à l'ocasion des mouvemens du corps, lui peuvent être imprimez, si Dieu veut agir immédiatement en elle, ou faire d'autres loix, que celles qui nous sont connuës, pour y agir. En un mot, il est clair que l'ame, pour cesser d'être unie à un corps, ne cesse point d'être capable de divers sentimens. Mais Monsieur Regis qui confond ces deux substances, ne conçoit pas qu'une Ame séparée du corps puisse *concevoir*, *sentir*, *imaginer*. Parce qu'en effet, ces deux substances confonduës, on ne peut non plus concevoir qu'une Ame sans corps puisse *sentir* & *imaginer*, qu'on conçoit qu'un corps sans Ame se puisse mouvoir. Qu'est-ce donc, selon Monsieur Regis, qu'une

Ame séparée du corps ? C'est un Esprit, qui réprend sa prémiere forme, qui pense, * mais qui n'a point d'entendement, qui aime Dieu, mais qui n'a point de volonté.

* Syst. Metap. p. 267. & 269.

Il est vrai que l'ame séparée du corps, ne se souvient plus des objets qui ont frapé ce corps, ne sçait plus s'il y a un Soleil, des Mers, des Campagnes, ne connoît plus ceux qu'elle appelloit ses Parens, ses Amis, ne sçait plus si on l'appelloit César ou Alexandre, parce que les connoissances qu'elle avoit de toutes ces choses, pendant qu'elle étoit unie au corps dépendant des traces du cerveau se sont évanouïes avec le principe qui les entrétenoit : ou si elles subsistent, c'est par des voyes qui ne nous sont pas connuës : Mais l'ame connoît alors les habitudes qu'elle a contractées, elle les connoît, parce que mille sentimens confus ne l'empêchent plus de se connoître telle qu'elle est, & elle les compare avec la loi vivante qui a dû régler toutes ses œuvres, parce que cette Loi-là pénétrant de toutes parts, la force à la consulter : En un mot, elle se connoît elle-même, & elle voit sans obscurité cette Loy éxacte & rigoureuse qui la condanne ou qui l'absoût.

System. Metap. p.269. 270. Est-il possible que Monsieur Regis ne reconnoisse, ni *entendement* ni *volonté* dans cét état de l'ame ? Il nous dit, que l'ame séparée du corps, connoît Dieu & se connoît soi-même : S'aime, & aime Dieu, comme l'auteur de son être. Mais j'ai fait voir, que suivant ses propres maximes, l'ame ne peut avoir ni idée de Dieu, ni volonté : & par conséquent, ni connoître ni aimer Dieu. Il dit lui-même, que l'ame séparée du corps n'a plus *d'entendement* ni *de volonté*. D'où pourroit-elle donc tirer sa connoissance & son amour ? Ne craint-il point de reduire l'ame à rien, en ajoûtant, *Nous nous garderons bien d'assurer qu'elle a les facultez de sentir & d'imaginer.* Qu'il leve l'équivoque de ces deux mots, il se détrompera. L'ame

System. Metap. p. 267.

P. 270.

n'est plus capable de *sentir* & *d'imaginer*, dans le sens que j'ai marqué ci-dessus. Mais qui ne conçoit pas, que l'ame séparée du corps, est capable de douleur & de plaisir, qu'elle doit recevoir l'un ou l'autre, puis que l'un par sa nature est une recompense, & l'autre un chatiment ; & qu'elle en peut recevoir d'une infinité d'espéces, que nous n'avons jamais éprouvées ?

Qui ne conçoit pas, que l'ame pourra toûjours *concevoir* ce qu'elle *imagine* présentement, puisque l'idée de l'étenduë, qui est le fond sur lequel elle *imagine*, lui sera toûjours présente ?

Monsieur Regis dit religieusement, que la Foi ne lui permet pas de croire, *que l'Esprit aprés la mort, ait une connoissance plus étenduë & plus claire ; & une volonté plus libre, que celle qu'il a à present, parce qu'il seroit ainsi dans l'état le plus heureux où il puisse être, par les seules forces de la nature, sans le secours d'aucune grace surnaturelle*. Mais il ne craint pas System. Metap. p. 270.

de dire, que l'Esprit sans *grace surnaturelle*, connoît & aime Dieu plus parfaitement, que lors qu'il étoit *Ame*, c'est à dire uni au corps. Je ne voi pas le moyen d'accorder tout cela.

Ibid. Il dit, que Dieu a promis à l'ame de la rendre heureuse aprés la mort, pourvû qu'elle lui ait été fidéle, & que c'est sur cette promesse qu'est fondée toute la connoissance que nous avons de son bonheur futur.

Mais si Dieu a fait cette promesse à l'ame, c'est que l'ame est capable de bonheur & de malheur. Or si elle est capable de l'un & de l'autre, c'est qu'elle est capable de connoître & d'aimer éternellement le bien; & de recevoir éternellement mille sentimens divers. Comment peut-elle être heureuse, si ce n'est par la connoissance & par le sentiment?

Monsieur Regis croit-il avoir beaucoup fait, de dire * que comme l'étenduë qui est l'essence de la matiére, ne se corromp jamais: de même l'Esprit ou la pensée,

* Syst. Metap. p. 266.

qui est l'essence de l'ame, ne peut se corrompre? à la bonne heure, dira un libertin, pourvû que cét esprit qui est présentement mon Ame, ne devienne pas malheureux. Monsieur Regis lui proposeroit les promesses & les menaces de Dieu, mais apparemment le libertin n'en seroit pas touché. Car en effet, il ne s'agit pas ici de prêcher, il s'agit de donner des idées & de raisonner par principes. Si Monsieur Regis ne dit autre chose, sinon, que l'ame meurt, en ce sens qu'elle cesse d'animer le corps; & que lors qu'elle n'est plus qu'*Esprit*, elle est une substance qui pense sans *entendement*, sans *volonté*, sans *sentiment*, il doit s'attendre qu'on jugera par son discours, qu'une substance de cette sorte & rien, sont une même chose. C'est tout le fruit qu'on peut tirer de sa Metaphysique. System. Metap. p. 267. Ibid.

Sa Morale est de même nature. Ne reconnoissant point de véritez éternelles & nécessaires, il va toûjours discourant, comme si la nature n'étoit point corrompuë,

& fait par conséquent de l'amour propre, la régle de toutes les intelligences. C'est un enchainement inévitable. Car enfin, si ce n'est pas une vérité éternelle, que l'Esprit est plus noble que le corps, & si ce n'est pas une loi nécessaire de préferer l'un à l'autre, les hommes n'ont plus de raison d'agir que selon ce qui les accommode davantage, il n'y a rien de juste ou d'injuste, que ce qu'ils ont voulu rendre tel, & tout cela change quand il leur plaît. En un mot, les hommes sont à eux-mêmes leur loi, & ils ne sont obligez à rien, que lors qu'étant convenus entr'eux, ils se trouveroient mal de violer la convention.

Monsieur Regis ayant ainsi rompu le lien qui unit & qui régle tous les Esprits, n'a point connu de Morale commune à tous les états où l'homme se peut trouver, au lieu d'une, il en a fait trois, une pour les hommes dans leur état purement naturel, l'autre pour les Politiques, la troisiéme, pour les Chrêtiens : & toutes trois renversent également les loix de la nature, & les maximes de la Religion.

CHAPITRE XVII.

On fait voir que Monsieur Regis ne connoît ni l'usage, ni de l'entendement, ni de la volonté; & qu'il parle d'amour propre aveugle, & d'amour propre éclairé sans sçavoir ce que c'est que l'un & l'autre.

MOnsieur Regis en qualité de Philosophe qui confond l'ame avec le corps, débute par ces grands mots dans sa Morale. *Si nous examinons bien toutes les facultez de connoître, de vouloir, & de sentir, que Dieu nous a départies en nous formant, nous reconnoîtrons aisément qu'elles tendent toutes à la conservation de nôtre être.* Qu'entend-t'il par la *conservation de nôtre être?* L'homme est composé de corps & d'ame. Est-ce la conſervation de l'ame ou celle du corps & de l'ame ? On ſçait bien que les ſentimens & les paſſions nous ont été données pour la conſervation du corps. Mais que Monſieur Regis leve un peu la téte. L'entendement & la volonté nous ont-ils été donnez pour la même fin ? L'entendement pris pour une ſimple faculté, nous peut-il avoir été donné pour une autre fin que pour contempler la lumiere ? Et la volonté priſe de même pour une ſimple faculté nous peut-elle avoir été donnée pour une autre fin que pour nous unir au ſouverain Bien ? Contempler la lumiere, n'aimer que le ſouverain Bien, ſont-ce des éxercices propres à la conſervation du corps, à la conſervation de la vie préſente ? Acquiert-on de l'embonpoint à force de méditer la vérité ? Et la recherche continuelle du ſouverain Bien, eſt-elle favorable à la machine ?

Syſtem. Moral. p. 404. *L'entendement*, dit Monſieur Regis, *nous a été donné pour connoître ce que les choſes ſont en elles-*

mêmes & par raport à nous. La volonté nous a été donnée pour nous unir aux choses qui paroissent bonnes, & pour nous séparer de celles qui paroissent mauvaises. Qui doute que ces deux facultez nous servent à chercher des biens passagers, & à en faire choix pour la conservation du corps ? Mais qui ne voit pas aussi que ce n'est que par accident, & que leur usage essentiel c'est de contempler la vérité & d'aimer le bien éternel & immuable.

Monsieur Regis devoit donc premierement distinguer l'ame du corps : & ensuite chercher les biens qui sont propres à ces deux substances. Il devoit s'instruire par un éxamen serieux de ce qui fait que l'ame est capable de connoissance & d'amour, rechercher si elle trouve en elle-même ses idées, & si elle se donne à elle-même le mouvement qu'elle a pour le bien ; ou si sa lumiere & son transport lui viennent de dehors. Il auroit pû par cette voye poser les fondemens d'une Morale : mais il aime mieux bâtir en l'air sur l'amour propre. Si l'on est scandalisé de son dessein, ce scrupule lui fait pitié. Il ne bâtit pas, dit-il, sur *un amour propre ignorant*, c'est sur *un amour propre éclairé*, dont il nous décrit ainsi la nature.

System. Moral. p.406. Cet amour propre *est un amour par lequel nous ne nous aimons que dans les choses qui ont avec nous un véritable raport de convenance.*

p.405. Quand on n'aime, par exemple, qu'à manger des viandes qui sont utiles à la santé, on a un *amour propre éclairé*. Aimer à boire, à manger, à dormir, à se promener, à se divertir autant que la nature le demande, c'est l'effet d'un *amour propre éclairé*, parce que le corps s'en trouve bien. On ne peut pas dire aprés cela, que la Morale de Monsieur Regis ne soit pas humaine. Il ne faut qu'avoir un grand soin de sa santé, & ne négliger rien de tout ce qui peut procurer une vie longue & agréable, pour en accomplir les préceptes. C'est là que se borne son *amour propre éclairé.*

Mais si la Morale à pour fin de régler le cœur en éclairant l'esprit, & non pas de chercher ce qui acommode le corps, que deviendront les préceptes de Monsieur Regis ? Aveugle Philosophe ! qui ne voit pas que l'amour propre n'est *éclairé* que lorsqu'il regarde directement les biens de l'ame, la verité & la justice, sans se tourner vers ceux du corps qu'autant que cela est nécessaire pour l'acquisition des premiers. Qui ne voit pas que de dire *amour propre éclairé*, c'est supposer une lumiere qui conduise & qui régle cet amour propre, une lumiere toûjours présente, une lumiere commune à tous, une lumiere invariable, & qui ne nous peut tromper. Cette lumiere nous est-elle communiquée, pour chercher les biens du corps ou ceux de l'ame ? Monsieur Regis m'en croira s'il veut, mais je lui soûtiens que ce qui a donné lieu à la division *d'amour propre aveugle*, & *d'amour propre éclairé*, c'est que l'expérience ayant fait connoître que l'homme n'agit qu'en vûe de son bien, & qu'il ne peut aimer que ce qui peut le rendre heureux, on a jugé que c'étoit s'aimer aveuglément que d'aimer quelque chose que ce soit sans en connoître la nature, & seulement à cause du sentiment qu'elle produit en nous actuellement; qu'au contraire, c'étoit s'aimer en créature raisonnable & éclairée que de quitter ce qui ne peut nous rendre heureux que pour un tems, & en nous jettant dans le desordre, pour chercher ce qui doit nous rendre pour toûjours & heureux & parfaits. Or qui ne voit pas que *l'amour propre aveugle* est un effet de la dépendance où nous sommes de nos corps en conséquence du péché?

Si Monsieur Regis a pensé à la fin que Dieu s'est proposée en unissant l'ame au corps, s'il a medité sur les loix de l'union de ces deux substances, s'il a reconnu que ce qui est propre à l'une est souvent nuisible à l'autre, comment à-t'il pû nous faire valoir son amour propre éclairé ?

Aprés avoir dit, que *les sentimens & les passions de l'ame sont les plus ordinaires moïens que nous aïons pour distinguer ce qui est convénable à nôtre nature d'avec ce qui y est contraire*, il ajoûte, *que depuis le péché d'Adam ces moïens ne sont pas infaillibles, & que les sentimens & les passions nous représentent souvent le mal pour le bien.* Si cela est ainsi, voilà des défauts dans la nature, & Monsieur Regis n'est pas d'acord avec lui-méme ; car il dit ailleurs, que l'état naturel est le plus parfait qu'il puisse être. Systém. Moral. P 405.

Il continuë. *Comme il arrive souvent que les choses qui sont utiles en certains tems & en certains lieux, sont nuisibles en d'autres, & que neanmoins les sentimens de douleur ou de plaisir qu'elles causent sont toûjours les mémes, cela fait que nous sommes dans une espece de nécessité de nous tromper touchant ce que nous aimons en plusieurs rencontres.* Si cela est ainsi, il ne doit s'en prendre qu'aux tems & aux lieux, & P.406.

nullement à la douleur ou au plaisir ; & encore moins au peché d'Adam qui n'a aporté nul changement dans les tems, ni dans les lieux.

Je voudrois sçavoir aprés cela, ce que veut dire Monsieur Regis, lorsqu'il dit, *que l'amour propre éclairé est un effet du reste de la lumiere que Dieu infusa dans l'ame de l'homme en le formant : que l'amour propre aveugle est une suite du péché d'origine : & que l'on nomme les biens qui sont l'objet de l'amour éclairé, les biens de l'ame.* Je voi bien, que selon lui, la santé & la bonne disposition du corps sont les biens de l'ame. Car il a fait de cette bonne disposition corporelle l'objet de l'amour propre éclairé. Mais il faut qu'il nous apprenne présentement, comment l'amour aveugle est entré dans l'ame aprés le peché, & comment un reste d'amour propre éclairé y a pû demeurer. S'il ne s'explique pas, c'est indubitablement qu'il n'a nulle idée touchant la corruption de la nature, & qu'il ne parle du péché d'origine que pour

Syst. Moral. p. 407.

rendre sa doctrine moins suspecte.

Si toutes les choses, dit-il, *qui se raportent à nous étoient mauvaises, il s'ensuivroit que la force & la tempérance, qui sont deux vertus naturelles, qui tendent directement à conserver nôtre vie, seroient aussi blâmables que la foiblesse & l'intempérance, qui sont deux vices opposez, qui tendent à la détruire.* Il faut encore qu'il s'explique. Ce *nous* à qui les choses se raportent, est-ce l'ame, ou le corps? Qui lui a dit, que les choses qui se raportent ou à l'un ou à l'autre, soient mauvaises? Chaque substance a ses biens propres, & ce sont toûjours des biens, pendant que nous les discernons bien, & que nous ne donnons au corps, que ce qui lui est nécessaire pour la conservation de la vie. C'est par le sentiment qu'on doit juger des biens du corps, c'est par la raison, qu'on doit juger de ceux de l'ame. Ces régles sont infaillibles. Si nous les apliquons sans confusion & à propos, toutes les

Systém. Moral. ibid. 211.

créatures contribuent au bien de nôtre Etre.

Mais où Monſieur Regis a-t'il pris, que la foibleſſe & l'intempérance tendent à détruire la vie? Celui qui évite le combat, veut-il mourir? Celui qui boit & mange trop, ne veut-il plus vivre? Celui qui ſe jette dans le peril n'eſt-il point brutal? Celui qui péſe tout ce qu'il boit & mange, n'eſt-il point effraïé par les idées de la mort? Monſieur Regis n'y entend rien. Il n'y a point de vertu dans la nature telle qu'elle eſt aujourd'hui; & tout ce qu'on y appelle *vertu*, n'eſt que baſſeſſe ou un orgueil couvert de quelque apparence trompeuſe.

CHAPITRE XVIII.

On fait voir que Monsieur Regis ne sçait comment il aime Dieu.

CEt Auteur, aprés avoir posé qu'il n'y a qu'amour propre dans l'homme, & que tous ses amours, ne sont que des maniéres d'amour propre, reconnoît que l'homme dans l'état de la nature aime Dieu nécessairement. *Non pas à la vérité comme un bien qui nous convienne immédiatement & par lui-méme. Car sa nature est trop relévée par dessus la nature, mais comme l'origine & la source de tous les biens qui nous peuvent convenir.* Monsieur Regis fait ici l'honneur à l'Auteur de la *Recherche de la verité*, de le mettre dans son sentiment : mais il feroit mieux de consulter de nouveau cét Auteur. Il aprendroit de lui, que si nous aimons Dieu d'un amour nécessaire, c'est que nous aimons nécessairement le vrai bien,

System. Moral. p. 408.

& qu'en nous attachant à de faux-biens, nous ne cessons pas d'aimer toûjours avec la même force le véritable, malgré nôtre méprise: & non pas seulement, parce que Dieu a produit & conserve tous les biens. Il aprendroit encore, que bien que la *nature de Dieu soit infiniment relévée par dessus la nature*, rien néanmoins ne nous convient, que Dieu immédiatement & par soi-même, que c'est Dieu seul qui a un véritable raport à nous, puis que c'est lui seul qui peut agi[illegible]en nous, nous rendre parfaits, heureux ou malheureux. Il aprendroit enfin, que jamais deux Auteurs ne furent moins d'accord en toutes choses, que lui & l'Auteur *de la Recherche de la vérité*.

Monsieur Regis convient aussi, que l'homme dans l'état de la nature qu'il supose toûjours sans corruption, est obligé d'aimer Dieu d'un amour de choix. Mais franchement, il se perd dans ses pensées. *Nous aimons Dieu*, dit-il, *d'un amour de choix, lors que nous*

Systhem. Moral. p. 410.

l'aimons comme aûteur des alimens qui sont nécessaires à nôtre conservation : & nous l'aimons au contraire avec choix, mais d'une maniére dont il ne veut pas être aimé, lors que nous l'aimons comme auteur des alimens qui détruisent nôtre santé. On voit que Monsieur Regis revient toûjours à ses nobles idées. Il semble, selon lui, que la perfection de l'homme consiste à trouver & à prendre de bons alimens. Enseignoit-on autre chose dans l'Ecole d'Aristippe ? Et peut-on faire mieux, pour avilir la créature raisonnable, & la réduire à l'état de la bête ?

Nous sommes, ajoûte-t'il, *détournez continuellement de cét amour de choix, par la présence des biens sensibles, qui nous portent à les aimer beaucoup plus que nous n'aimons les biens raisonnables.* Les biens *raisonnables* sont donc, selon Monsieur Regis, non pas la connoissance de la vérité, ni l'amour de la justice, mais les alimens propres à la conservation du corps : & les biens *sensibles* sont les ali- Ibid.

mens qui détruisent nôtre santé. Il aimeroit toûjours Dieu, *comme Dieu veut être aimé*, s'il ne trouvoit jamais que de bons alimens : c'est de là que dépend son *amour de choix*. Enfin, les biens *raisonnables* ou les alimens propres à conserver la santé de Monsieur Regis, *le remplissent de tant d'admiration de respect & de reconnoissance pour Dieu, que le regardant comme la source de tous les vrais biens, il s'unit de volonté à lui, & l'aime parfaitement*. C'est à dire, en un mot, que toute la Religion de Monsieur Regis est fondée sur le don que Dieu lui fait des alimens propres pour la conservation de sa vie.

System. Moral. pag. 410.

Ce qui suit n'est pas moins sublime. *Nous sçavons*, dit-il, *qu'il y a des gens qui croïent aimer Dieu purement & simplement pour lui-même ; & peut-être s'en trouve-t'il qui l'aiment ainsi. Mais nous disons, que cette espéce d'amour est un amour divin & une grace particuliére du Ciel, qui apartient au Christianisme*. Quoi ! Monsieur

Regis ne sçait pas, si l'on peut aimer Dieu *purement & simplement pour lui-même.* Il ne sçait donc pas sa Religion. Mais qui lui a dit, que les devoirs du Christianisme sont différens de ceux de la nature? Prouveroit-il bien, que ce qui apartient au Christianisme, n'est pas une obligation de la créature, lors qu'elle est saine & telle que son Créateur la faite? D'où vient qu'on dit *reformer la nature.* Le *Réparateur de la nature*, si ce n'est parce que la nature doit être rétablie dans l'état d'où elle est tombée?

L'ame dés son origine, est portée vers le souverain bien, & peut découvrir ses devoirs. Elle n'a donc plus besoin que d'un secours, pour consulter la lumiére qui lui est presente, & pour suivre l'impression qu'elle reçoit. JESUS-CHRIST lui donne ce secours dépuis qu'elle s'est corrompuë; & c'est ainsi qu'il la reforme.

Il est vrai, que Monsieur Regis aprés avoir dit, que *l'homme ne peut rien aimer que par raport à* Systém. Moral. p. 411.

soi, ajoûte, que *telle est la nature de son amour dépuis le péché d'Adam.*

Mais ne tient-il pas pour constant, que la nature est la plus parfaite qu'elle puisse-être ? Pourquoi donc ne nous aprend-t'il pas, comment le péché a changé la nature de l'amour de l'homme, sans que la Nature soit déréglée ?

Ibid. Il nous dit, *que l'homme qui aime tout par raport à soi, étant obligé de s'aimer soi-même, par raport à la gloire de Dieu, n'est pas lui-même la fin derniere de son*

P. 408. *amour*. Mais pense-t'il à ce qu'il a dit auparavant ? *Que nous aimons Dieu du même amour, que nous nous aimons nous-mêmes, & toutes les choses que nous croïons nous convenir*. Et jugeoit-il, qu'on ne le presseroit point pour sçavoir comment on peut *aimer la gloire de Dieu, sans raport à soi-même*, aprés qu'il a représenté tous les amours de l'homme, comme autant de *manieres d'amour propre ?*

Il revient ensuite un peu à lui,

& dit, *Comme l'usage de nôtre langue ne permet pas que nous disions à ceux qui sont d'une condition fort relevée par dessus la nôtre que nous les aimons : mais seulement, que nous les respectons, & que nous avons de l'attachement pour leur service. Ainsi, loin d'assurer que nous avons de l'amour pour Dieu, il faudroit, ce semble, se contenter de dire, que nous avons pour lui du respect, de la veneration, de la reconnoissance.* Ibid.

Voilà des sentimens bien respectueux. Mais je doute que Dieu en soit content. Car bien loin que ce soit parler trop familiérement à Dieu, que de lui dire que nous l'aimons, qu'au contraire ce n'est qu'à Dieu, en rigueur, que nous pouvons parler ainsi, puis que ce n'est qu'à lui que nous devons nous unir, & qu'il nous commande de l'aimer *de tout nôtre cœur*, c'est à dire sans partage, & en excluant tout autre amour que le sien.

De sorte, que l'amour du prochain n'est pas tant un amour

qu'une estime dûë à sa nature, & une bienveillance ou un desir de le voir uni comme nous, à la véritable cause du bonheur & de la perfection.

Mais Monsieur Regis a eû honte de la bassesse de son amour ; & l'idée qu'il a de l'Etre parfait, toute confuse qu'elle est, le retenant un peu, il n'a osé dire qu'il aimât Dieu, mais seulement qu'il le respectoir.

En effet, pourroit-on sans remords, confondre l'amour propre avec l'amour de Dieu, un amour qui naît dans Monsieur Regis, de l'usage de quelques alimens corporels, avec l'amour d'un Etre infiniment parfait ? L'amour propre ou le désir d'être solidement heureux, nous peut bien être un motif de nous unir à Dieu, la source de tous les biens : mais peut-on aimer Dieu & avoir un autre objet que ses perfections infinies ?

Monsieur Regis dit dans un endroit, * que *l'homme n'est pas lui-même la fin derniere de son amour.* Mais c'est parce que, selon lui,

* P. 411.

l'homme est obligé de s'aimer soi-même, par raport à la gloire de Dieu. Or Monsieur Regis est-il bien sur, que l'homme s'acquitera toûjours de cette obligation ? Mais je veux qu'il s'en acquitte toûjours, mêmes sans y penser. Il n'en faut pas davantage pour faire un Saint, & pour lui assurer la béatitude, quelque amour qu'il ait pour lui-même ; puisque ce ne sera jamais lui-même qui soit la fin derniére de son amour. On sçait que c'est la fin où nos actions se terminent, qui decide du salut. Monsieur Regis ne peut-il voir qu'il confond toutes les idées de la Morale & de la Religion ?

CHAPITRE XIX.

On fait voir que Monsieur Regis n'a nulle idée de l'établissement des societez, ni du pouvoir des souverains.

MOnsieur Regis voulant parler des devoirs des hommes, les uns à l'égard des autres, pose pour fondement cette grande maxime, *que si nous voïons maintenant regner quelque paix & quelque amour parmi les hommes, ce n'est pas tant un effet de la disposition naturelle qu'ils ont à s'aimer les uns les autres, que d'une discipline étudiée.* La raison qu'il en aporte, c'est que l'état de la nature est un état de guerre, ou que la guerre est inséparable de la nature : Et il ajoûte, *que la conservation du genre humain, étant incompatible avec la guerre, la droite raison ou la Loi naturelle fit entendre aux hommes, qu'il falloit rechercher la paix par toutes les*

Systém. Moral. p. 412.

Ibid.

voïes possibles. C'est de là, selon Monsieur Regis, que sont sortis tous les préceptes naturels : & c'est ainsi qu'il trouve dans l'amour propre, tout ce qui peut faire l'ordre de la vie.

Mais ce Philosophe ne s'expliquera-t'il jamais ? Quand il parle de l'état de la nature, entend-t'il la nature en elle-même, & telle que Dieu la faite ? ou bien la regarde-t'il dans la corruption où elle est plongée présentement ? S'il entend le premier, comment peut-il dire, que l'état de la nature *est un état de guerre ?* Peut-on penser que des créatures sortent des mains de Dieu, avec la vaine gloire & en humeur de disputer pour le *mien* & pour le *tien ?* Et s'il entend le second, que ne compare-t'il l'état où l'homme a été créé, avec celui où il se trouve aujourd'hui ?

Systêm. Moral. p.412.

De plus, qu'entend Monsieur Regis, par *la droite raison qui fit entendre aux hommes, qu'il falloit rechercher la paix par toutes les voïes possibles ?* Entend-t'il une

lumiére commune à tous les Esprits, qui parle à tous & en tous tems le même langage ? Il faut qu'il l'entende ainsi. Car il dit
*P.421. ailleurs, * que *les loix de la nature qui regardent le prochain, sont si aisées à concevoir par la seule lumiére naturelle, que personne ne les peut ignorer.* Mais si cela est ainsi, sa *Morale* n'est pas d'accord avec sa *Metaphysique*, où il prétend, que la Raison, n'est qu'une simple faculté de l'ame, & il a tort de ne pas reconnoître *de véritez éternelles* & *nécessaires.* Car qu'il
Ibid. nous dise un peu, si la droite raison peut dicter autre chose que les préceptes dont il nous donne le dénombrement pour Morale ? Si elle ne peut dicter autre chose : ce sont des véritez nécessaires & immüables ; & on ne peut douter qu'elles ne soient éternelles, puis qu'elles sont communes à tous les Esprits, & qu'on n'y conçoit ni commencement ni fin.

Quelque chose que Monsieur Regis trouve dans son chemin, il en revient toûjours au fondement de sa Morale, & conclût que *tout ce que chacun fait de bien ou de mal aux autres, retombant sur lui-même, c'est l'amour propre qui a formé tous les préceptes naturels.* Mais il devroit encore un coup, nous parler nettement. Est-ce l'amour propre qui l'emporte sur la Raison? Est-ce la Raison qui régle l'amour propre? Ou bien la Raison & l'amour propre sont-ils la même chose?

Quoi qu'il en pense. Il faut convenir qu'on trouve toûjours de grands avantages à suivre la Raison. Mais la nature est impuissante malgré les belles réflexions de Monsieur Regis, & elle est dans un état qui ne lui permettra jamais de suivre par elle-même, la Raison en toutes choses. Si le Philosophe l'avoit considerée avec quelque attention, il auroit connu que naturellement nous aimons la paix, & que naturellement nous n'aimons que le vrai bien: qu'ainsi les hommes s'armant les uns contre les autres, pour des biens passagers, pour de faux biens, c'eſt une marque ſenſible qu'ils ne ſont point tels que Dieu les a faits. En effet, ils ſont préſentement frapez de telle ſorte, par tous les objets qui les environnent, que preſque toutes leurs véritables idées ſont confonduës : & ils ſeroient dévenus ſemblables à des bêtes farouches, ſi quelques-uns d'entr'eux qui s'aperçûrent du danger, où le genre humain étoit expoſé, n'avoient fait éffort pour s'élever au deſſus des ſens, & pour réjoindre la Raiſon qui s'étoit comme dérobée à eux.

C'eſt de ce retour vers la Raiſon, que ſont découlées toutes les loix humaines qui ſont juſtement établies. Les Lycurgues, les Solons & d'autres l'ont conſultée cette Raiſon. L'amour propre les excitoit, mais la Raiſon les éclairoit ; & conduits par elle les premiers, ils y ont rappellé le reſte des hommes. Ils ont ainſi fixé en quelque ſorte leurs prétentions, & établi quelque diſcipline entr'eux. Voilà l'origine des loix & des ſocietez. Mais remontons encore plus haut, pour découvrir en général l'ordre des choſes humaines.

Nous ne ſommes point tels que Dieu nous a faits : nous ſommes corrompus. La contradiction perpétuelle qui ſe trouve entre nôtre conduite & nos connoiſſances, en eſt une preuve trop ſenſible. Dieu eſt Sage. Lors qu'il fit la Nature, il connut qu'elle ſe corromproit. L'eût-il faite, ſi non ſeulement il n'eût eû preſent un moïen aſſuré de la rétablir avec avantage, mais encore s'il n'eût ſçû qu'en agiſſant en elle, comme il vouloit y agir, il empêcheroit qu'elle ne ſe détruiſit elle-même, avant que le remède lui fût apliqué ?

Or quelle eſt la maniére dont Dieu peut agir dans une nature intelligente, ſi ce n'eſt en lui donnant une impreſſion continuelle vers lui, & en lui communiquant une lumiére qui ne la peut tromper ?

Les hommes donc tout corrompus qu'ils étoient, animez par cette impreſſion & conduits par cette lumiére, ont fait effort pour ſe tirer du danger où leur corruption les mettoit, & ils ont fait des réglemens. L'Auteur de la nature l'avoit prévû.

Pour s'aſſurer de plus en plus contre les maux dont ils étoient menacez, ils ſe ſont fait des Souverains. L'Auteur de la nature l'avoit ainſi réglé. Il avoit diſpoſé toutes choſes pour cela. Et c'eſt ce conſeil éternel de la ſageſſe du Créateur, qui fait l'indépendance & le pouvoir abſolu des Rois. Les Peuples qui ſe ſont une fois ſoûmis ſuivant l'ordre de la Providence, ne peuvent plus ſecouër le joug. Ce n'eſt pas un contract qu'ils on fait, c'eſt un ordre caché qu'ils ont ſuivi. Ce n'eſt plus à eux à rien changer, c'eſt à cét ordre à tout conduire. Qui doute que ſi les Peuples n'étoient liez aux Souverains, que par de ſimples contracts on ſeroit obligé de donner gain de cauſe aux ennemis de la Souveraineté des Rois? Puiſque dans le cas, qu'un Souverain vint à manquer aux conditions d'un contract qu'il auroit fait avec son Peuple, il est évident que le contract seroit nul.

Il faut donc demeurer d'acord, que le pouvoir des Souverains ne relève que de Dieu : mais autant qu'ils sont indépendans des loix humaines, autant sont-ils dépendans de la Souveraine Raison qui les a faits ce qu'ils sont. Elle les a mis sur le trône, pour conserver les Peuples qu'elle leur a soûmis. Mais ce n'est pas les interêts de leurs Etats, qu'ils doivent immédiatement consulter. L'amour de la gloire & le desir de la domination, les séduiroit à tous momens : c'est de la Souveraine Raison elle-même qu'ils doivent aprendre quels sont les véritables interêts de leurs Etats. S'ils manquent à suivre les loix qu'elle leur prescrit, ils deviennent criminels de leze Majesté Divine, leurs conquêtes sont des brigandages, & tous leurs succez tôt ou tard tourneront à leur confusion.

Tel est l'état de tous les hommes. Il faut qu'ils suivent les loix de la Souveraine Raison. Les loix humaines & particuliéres qui en émanent, ne tendent qu'à nous y rapeler. Les Souverains sont ses Ministres, ils ne tiennent au trône que par elle. Ils ne sont véritablement Rois, qu'autant qu'ils la font regner, quoi qu'il n'apartienne qu'à elle d'être leur Juge.

On a bien prévû qu'il y auroit des rebelles, & des lâches. On a voulu intimider les uns, par l'idée de la peine, & les autres par l'idée de la recompense. Mais dans le fond, tout cela est-ce un remede à l'état où nous nous trouvons ? Moïse lui-même, tout inspiré qu'il étoit de l'Auteur de la nature, a-t'il pû faire des loix capables de guérir le Peuple qu'il conduisoit ? N'est-il pas évident qu'il a fallu que le Créateur lui-même s'en soit mêlé, que la Souveraine Raison soit venuë en personne, pour reformer son Ouvrage ? Monsieur Regis a compté pour rien tout cela. Il n'a voulu fonder sa Morale que sur des conventions qu'il prétend que les hommes ont faites entr'eux, pour leur mutuelle conservation, sur un pur amour propre. Pitoïable fondement ! Preuve trop convaincante de la foiblesse de Monsieur Regis.

Il est vrai qu'il aprouve l'opinion de ceux qui tiennent, que le pouvoir absolu des Rois, vient immédiatement de Dieu. Mais ne craint-il point qu'on ne le soubçonne de ne faire valoir ce sentiment, que par une basse politique, lors qu'on reconnoîtra, que ce même sentiment n'a nulle liaison avec ses principes, & qu'il ne l'apuïe que sur un passage d'un Auteur qu'il n'entend pas.

Syst. Moral. p. 450.

Ibid.

Mais si Monsieur Regis est bien persuadé que Dieu fait les Souverains, il faut qu'il avouë, que c'est pour l'établissement & la conservation de la societé. A quoi tendent donc ces longs dis-

cours qu'il fait ſur les contracts ?
Ibid. N'étoit-ce pas aſſez, d'avoir fait mal à propos le Philoſophe, ſans vouloir encore faire le Juriſconſulte & le Caſuiſte à contre-tems ? Je laiſſe à d'autres à examiner s'il décide bien ou mal. Il me ſuffit de montrer, que ſa Philoſophie n'eſt qu'un phantôme, propre à tromper les petits Eſprits, je veux dire, ceux que l'amour propre domine, & qui ne peuvent rien pénétrer.

CHAPITRE XX.

On fait voir que Monsieur Regis n'a nulle idée de l'honneur qui est dû à Dieu.

ON trouve par tout Monsieur Regis avec l'unique soin de conserver sa vie & sa santé d'où dépend, selon lui, la conservation de son être. Il prétend par ce soin honorer Dieu dignement, pourveu que d'ailleurs il suive *les loix de la nature*, * qui *ordonnent d'attribuer à Dieu l'éxistence*, *de ne point donner à Dieu des attributs qui désignent quelque chose de fini & de déterminé*, &c.

* Syst. Moral. p. 414.

Mais naturellement peut-on croire l'éxistence de Dieu, si on ne la connoît pas? Et peut-on la connoître cette éxistence par une autre voïe qu'en consultant l'idée d'un Etre infiniment parfait? Si cette idée se presente à l'Esprit, ne le force-t'elle pas par elle-même à reconnoître Dieu pour ce qu'il est ? Les loix de la nature n'ont donc que faire là. On les viole, il est vray, quand on ne rend pas à Dieu l'honneur qui lui est dû. Car il est l'Auteur de la Nature; & en ce cas on resiste aux sentimens les plus naturels. Mais la connoissance des loix naturelles ne suppose-elle pas la connoissance de Dieu? Et lors qu'on connoît Dieu, peut-on le desavoüer quoi qu'on puisse le deshonorer? Le crime des Athées ne consiste donc pas à croire qu'il n'y a point de Dieu. Il n'y a point d'homme qui puisse en venir là: mais à le nier malgré tout ce qui les force à en reconnoître l'éxistence.

Monsieur Regis *pécheroit*, dit-il, * *contre une des loix de la nature*, s'il disoit, que Dieu voit les cho-
» ses avant qu'il se soit déterminé à
» les vouloir, qu'il consulte l'ordre
» avant que d'agir, qu'il voudroit
» bien qu'il n'y eût pas de monstres,
» mais que la simplicité des loix du
» mouvement l'oblige à les souffrir.
Il pécheroit, *parce que ces choses marquent en Dieu de la dépendan-*

* Syst. Moral. p. 425.

ce & de l'imperfection. Est-ce pour critiquer mal à propos qu'il fait ainsi l'homme de conscience, l'homme plein de respect pour les loix naturelles ? Dieu voit les choses avant que de les vouloir, mais il les voit en lui-même dans sa substance qui renferme les idées de tous les êtres. Dieu ne change pas les loix qu'il a faites pour la communication des mouvemens, quoi que ces loix aïent quelquefois des suites fâcheuses, mais c'est que Dieu se respecte lui-même. Il consulte l'ordre. Mais cet ordre est son Verbe, c'est sa sagesse, c'est sa propre substance. Est-ce être dépendant que de ne dépendre que de soi-même ? Mais Monsieur Regis qui craint tant de mettre de la dépendance en Dieu, ne craint-il point de se faire indépendant, lui qui prétend trouver dans sa propre substance toute la lumiere naturelle, & tirer de son fond tout le mouvement qu'il a pour le bien ? Il devroit un peu penser aux suites de sa doctrine avant que de critiquer celle des autres.

Selon lui, une des loix de la nature qui regardent le culte de Dieu, *commande de ne point faire d'actions extérieures qui ne soient conformes aux loix de la nature.* Mais la nature est déréglée ; & quelque réglée qu'on l'imagine, est-ce à la nature à commander qu'on suive la nature ? Quelle est cette *loi de la nature* qui fait ce commandement ? Monsieur Regis peut-être veut bien dire, mais il ne parle pas en Philosophe. Son langage fait pitié. Qu'il attache des idées distinctes à ce mot *de nature*, s'il desire qu'on l'entende.

System. Moral. p. 426.

Comme il a dit, que c'est violer une des loix de la nature qui regardent le culte de Dieu, *que de donner à Dieu des attributs qui signifient quelque sentiment ou quelque passion*, on croiroit peut-être l'embarasser en lui disant, qu eMoïse a dit, que *Dieu s'est repenti d'avoir créé l'homme... Que Dieu s'est mis en colére*. Mais rien n'étonne Monsieur Regis. *Moïse*, dit-il, *consi-*

System. Moral. p. 425.

déroit Dieu par raport à nous. Foible Theologien! qui ne voit pas que de quelque maniére qu'on considére l'Etre parfait, on ne peut penser qu'il soit capable de *colére* & de *repentir*; & que si l'on se sert de ces expressions c'est qu'on n'en a pas d'autres, pour faire sentir à des hommes sensibles la sainteté de Dieu & leur malice.

L'homme dans quelque état où il se trouve ne peut honorer Dieu que par les mouvemens de son cœur, & par les pensées de son esprit. C'est aussi tout ce que Dieu éxige de nous, des jugemens conformes à ses attributs, & des desirs qui ne soient point partagez, c'est, dis-je, tout ce qu'il éxige par le droit naturel de Créateur. Il est toûjours content de nos paroles & de nôtre contenance lors qu'elles expriment, autant que nous pouvons, nos dispositions intérieures, des pensées détachées de la terre, & des mouvemens d'un pur amour, qui doivent être le principe de tout nôtre culte extérieur. C'est une vérité que les premiers hommes ont connuë. Ils y ont fait penser leurs enfans : Et afin de marquer l'uniformité de leurs dispositions à cet égard, ils convenoient entre-eux de certains signes, que Dieu peut-être lui-même avoit marquez, ou du moins que les peres de familles, dans le sentiment de leur dépendance, avoient instituez.

Les signes qui sont de l'institution des hommes peuvent changer ; & il importe peu qui en soit l'auteur, pourveu que tous s'accordent à les recevoir, & qu'ils conviennent à nôtre état. Mais le culte intérieur ne change point. Attribuer à Dieu toutes les perfections qu'on peut concevoir, n'aimer & ne desirer que lui, sont des obligations dont la créature raisonnable n'a jamais pû se dispenser, & dont elle ne se dispensera jamais.

Cependant voïons comment Monsieur Regis s'y prend pour glorifier Dieu. Saint Paul nous dit, *que soit que nous buvions, soit que nous mangions, nous fassions toutes choses pour la gloire de Dieu*, parce qu'on a toûjours les ocasions de faire à Dieu le sacrifice qui lui est dû dans tous les états, aussi bien dans celui de la Nature que dans celui de la Grace. Monsieur Regis a un moïen plus aisé de rendre à Dieu ce qu'il lui doit, * c'est de faire son possible pour conserver sa santé. Saint Paul n'avoit pas autre chose en vüe dans le passage cité. Ainsi, selon Monsieur Regis, un homme qui boit bien, qui mange bien, qui dort bien, quoi qu'il ne songe qu'à boire, manger, & dormir; qui ne neglige rien de tout ce qui peut servir à sa conservation, qui tuë, * qui vole dans cette vüe, glorifie Dieu. Cela se fait par un amour *propre éclairé*, qui ne peut manquer de tourner à la gloire du Créateur. On en est quitte, comme nous verrons bien-tôt, pour être disposé à ne tuër, ni voler, si on n'y étoit obligé pour la conservation de l'ouvrage de Dieu. On prend S. Paul pour garand de cette doctrine.

* Syst. Moral. p. 432.

* p. 430.

p. 431.

System. Moral. p. 244. Monsieur Regis, si bien instruit ne peut retenir ses transports. Il admire la bonté & la sagesse de Dieu qui a voulu lier si étroitement sa gloire avec la conservation des créatures, que *comme Dieu ne peut aimer les créatures que pour sa gloire, il impossible aussi que les créatures aiment leur conservation sans aimer la gloire de Dieu.* Mais si Dieu n'aime rien que pour sa gloire, c'est qu'il ne connoît rien de parfait que lui-même. Est-ce par la même connoissance que les créatures cherchent de bons alimens? Est-ce l'idée de l'Etre parfait qui les sollicite à se bien nourrir & à bien ménager leur santé? Peut-être que Monsieur Regis ne boit & mange que par cette idée. Mais je ne croi pas qu'il y ait bien des gens comme lui. Un homme bien censé ne prétend point glorifier Dieu par le choix des alimens, mais par le sacrifice & l'anéantissement de son être. Il conserve sa vie, mais c'est sans trop de précaution, & seulement pour meriter son bon heur par des œuvres

vres de justice. Toutes ces sortes de dispositions dépendent-elles du choix des alimens ?

Enfin, jamais homme ne fut plus disposé que Monsieur Regis à se bien conserver. Il n'y a que deux cas où il abandonneroit sa conservation : c'est si l'on vouloit lui faire nier *l'éxistence*, ou la *Providence* de Dieu. Voilà deux pieuses exceptions. Mais ne reconnoît-on l'éxistence & la Providence de Dieu, que lors qu'on confesse de bouche l'une & l'autre ? Ne leur rend-t'on pas aussi hommage dans les maux & dans les miséres que l'on souffre patiemment, quoique les maux & les miséres soient contraires à nôtre conservation ? Si aprés cela Monsieur Regis en veut à ceux *qui parlent de la gloire de Dieu en l'air & sans s'entendre*, c'ést à lui-même qu'il en veut. Car jamais homme n'en parla plus en l'air que lui, ni d'une plus étrange maniére.

Syftem. Moral. p. 434.

p. 433.

Je pourrois-dire bien des choses sur ses vertus Morales, & sur les remédes qu'il donne contre la douleur & les passions : Mais je veux que mon silence à cét égard, lui fasse entendre, que j'écris contre ses maximes, & non pas contre ses faux raisonnemens. Il n'importeroit à personne qu'il raisonnât bien ou mal, si sa Doctrine n'étoit pas dangereuse. Il voudra bien néanmoins, que je lui dise deux choses en passant. 1° Que lors qu'il aura étudié l'homme, il connoîtra que ses remédes ne font que joindre un grand orguëil à nos maux, qui avec tous nos fastueux raisonnemens & nôtre contenance forcée, nous restent toûjours dans toute leur force, jusqu'à ce que le Medecin céleste les adoucisse ou les calme par ses divines influences. 2° Qu'il traite inutilement des vertus Morales, puisqu'il nous répréſente les hommes dans l'état de la nature, comme n'ayant aucune idée d'ordre ni de justice, & comme étant en droit de faire ce qu'il leur plaît pour leur conservation. Quelle aparence, que de tels hommes delibérent, consultent, &

se fassent une mesure égale pour les autres & pour eux-mêmes ? Quelle aparence qu'ils soient patiens par un effet de la vertu qu'on apelle *force*, eux dont tout le merite consiste à resister & à battre, pour s'élever les uns au dessus des autres ? Quelle *tempérance*, peut-on attendre de ceux qui ne connoissent point d'autres biens que ceux du corps ?

CHAPITRE XXI.

On fait voir que la Doctrine de Monsieur Regis, tend à la ruine du genre humain.

LEs *loix naturelles*, dit Monsieur Regis, * *ne changent point : mais les actions extérieures prescrites par ces loix, ne sont pas toûjours les mémes, & elles doivent changer selon les tems, les lieux, & les occasions.* Il prétend autoriser cette pensée par un passage de Ciceron, qui dit, qu'il ne faut pas rendre à un furieux l'é-

* Syst. Moral. p. 430.

pée qu'on a reçûë de lui en dépôt.

Posons donc le cas, qu'une Ville soit composée de Citoiens, dont la moitié soient des scelerats toûjours en action, pour emporter le bien d'autrui, & emploïans également la fraude & la violence. Que doit faire l'autre moitié ? Monsieur Regis nous l'aprend en ces termes. * *Puisque les uns poussez par un desir déréglé, qui les porte à la recherche de leurs plaisirs ou de leurs interêts particuliers, violent sans cesse les loix naturelles : les autres qui ont envie de les garder, se trouvent dans une malheureuse nécessité de ne le pas faire.*

* Syst. Moral. p. 428.

Par ce principe, voilà le desordre par tout. Les intentions sont différentes, mais le crime est commun. Les uns & les autres commettent meurtre, larcin, adultére : tous violent également les loix naturelles, quoique les uns soient *disposez à les observer intérieurement*, pendant que les autres se moquent de *l'intérieur*. Je ne ſçai ſi l'on peut mieux mettre les armes dans les mains de tous les hommes, pour ſe détruire mutuellement.

Il eſt vrai comme dit Ciceron, qu'il ne faut pas rendre à un furieux l'épée qu'on a en dépôt. Mais quel raport à cét éxemple au ſentiment de Monſieur Regis? S'il ne faut pas rendre cette épée, c'eſt qu'a lors, deux loix naturelles concourant, celle *de rendre le dépôt*, & celle *d'empêcher le deſordre*, il faut agir conformément à celle qui a le plus de raport au bien de la ſocieté. Or qui ne voit pas, que par ce même principe, on doit plûtôt mourir, que d'augmenter les troubles cauſez par les méchans & les ſcelérats, puiſque le bien public eſt toûjours préférable au bien particulier?

Monſieur Regis craindroit peut-être, que ſi l'on ſe laiſſoit ainſi dépoüiller ou tuër par les méchans, il n'y eût bien-tôt plus de gens de bien. Mais du moins, il y auroit des mèchans, le genre humain ne finiroit pas, comme il arriveroit, si l'on se tuoit les uns les autres : & peut-être ces méchans deviendroient-ils gens de bien. Monsieur Regis croit en la Providence. Il a dit plusieurs-fois, qu'il ne la falloit pas nier dans l'état de la Nature.

Pourquoi donc ne lui laisse-t'il pas le soin des hommes, qui font bien leur possible pour éviter le mal qu'on leur veut faire, mais qui ne veulent point tremper leurs mains dans le sang, & qui veulent vivre dans l'innocence? Ne sçait-il pas, que Dieu dés l'origine du monde, a mis des bornes à la malice des méchans ; & qu'aînsi, ils peuvent bien éxercer les justes, mais qu'ils n'en peuvent détruire la racine? On peut se défendre quand on est attaqué, personne n'en doute. C'est un droit que donne la Nature. Mais on ne le doit pas faire aux dépens de la societé humaine. C'est pour elle qu'on se doit conserver, & il vaut mieux périr, que de lui nuire en se conservant. C'est la régle de ceux qui se conduisent par raison, mais non pas de ceux qui ne ſuivent que l'amour propre.

Suivons encore Monſieur Regis dans ſon grand principe. *L'état de la nature,* ſelon lui, *eſt un état de guerre :* C'eſt à dire, un état où le plus fort l'emporte. Je lui demande donc encore une fois, ſi cét état eſt raiſonnable, ou non. Si cét état n'eſt pas raiſonnable. La nature eſt dereglée, & dés là toute la Morale de Monſieur Regis tombe. Et s'il eſt raiſonnable, on n'y devroit rien changer. Monſieur Regis dit l'un, & ſemble quelquefois dire l'autre. On le voit & on ne le voit plus. Peut-être eſt-ce par là qu'il a ſurpris ſes Aprobateurs. Il vient de parler * comme s'il reconnoiſſoit des loix naturelles, & qu'il trouvât que ce fût un déreglement que de les violer. Mais s'il parle franchement, il dira, que l'état de chaque choſe eſt le plus parfait qu'il puiſſe être, que la guerre ne doit point être ſéparée de la Nature ; & *que ſi les ſocietez civiles ceſſent quelquefois de combatre les unes con-*

* Ibid.

tre les autres , ce n'eſt pas tant un effet d'une paix ſolide, que d'un deſſein de ſe repoſer pour quelque-tems afin de ſe remettre plus vigoureuſement au combat. C'eſt donc la force qui a établi & qui maintient les ſocietez. La Raiſon n'y a nulle part. C'eſt l'amour propre qui régle tout. Les hommes conduits par un guide ſi fidéle, connurent qu'ils étoient *obligez pour ſe conſerver de s'unir pluſieurs enſemble afin que s'il falloit combatre, ils ne fuſſent pas ſans ſecours. Ils convinrent alors*, ajoûte Monſieur Regis, *que chaque particulier ſoûmetroit ſa volonté à celle d'une certaine perſonne ou de pluſieurs , dont l'avis prévaudroit.* Mais pourquoi Monſieur Regis veut-il, qu'il n'y ait là qu'amour propre ? Le choix d'une perſonne *dont l'avis devoit prévaloir*, ne ſupoſe-t'il pas un diſcernement de merite ? Et comment connoit-on ce merite, ſi ce n'eſt par la Raiſon , qui nous fait diſtinguer le vrai d'avec le faux , le bon d'avec le mauvais ?

Syſtem. Moral. p. 447.

Il eſt évident, que l'amour propre n'est tout au plus, que le motif d'un bon choix. Mais voïons ce qui suit du principe de Monsieur Regis. L'amour propre n'a point de régle certaine. Il n'agit que selon ce qui l'accommode le plus. Ainsi, les hommes avant que d'être convenus de se secourir reciproquement, & de se soûmetre aux volontez d'un chef, pouvoient s'armer les uns contre les autres, & combatre sans fin. Avant leurs conventions, il n'y avoit, ni *larcin* ni *meurtre*. Car naturellement on a droit à tout. *Et il n'apartient qu'aux loix civiles de marquer ce qu'il faut apeller larcin ou meurtre.* Systern. Moral. P 453.

Les hommes donc, selon Monsieur Regis, pouvoient dans l'état de la Nature, se tuër les uns les autres, sans être des meurtriers, s'arracher les uns aux autres ce qu'ils avoient entre les mains, sans être des Voleurs.

Caïn, par exemple, n'étoit pas un meurtrier pour avoir tué Abel. Il n'y avoit rien alors de juste ni d'injuste. Car non seulement les hommes ne connoissoient ni l'un ni l'autre, mais ni l'un ni l'autre n'étoit encore fait. Les Loix civiles ausquelles il étoit reservé de déterminer, l'un & l'autre n'avoient point encore paru.

Mais comment se peut-il faire, que des Loix qui ne sont qu'arbitraires fassent ce que la Nature n'a pû faire ? En voici la raison. C'est qu'on leur donne main forte. Le plus grand nombre des hommes est d'acord en leur faveur. Si le plus petit resiste, il ne peut éviter le châtiment ; mais il ne le merite, que parce qu'il est le plus petit & le plus foible. Car s'il se fortifie & qu'il devienne le plus fort, il rentrera dans ses droits qui sont inaliénables, puisque la Nature les donne. Ils peuvent être suspendus à cause des circonstances, mais ils ne peuvent être détruits, & on les doit reprendre dés qu'on en a le pouvoir. Ainsi, l'on pourra de nouveau *prendre*, *tuer*, *violer*, dés qu'il n'y aura plus une force majeure qui s'opose à cela.

Mais l'homme n'entend-t'il pas toûjours au dedans de lui-même, une voix qui lui crie, *On doit. Il ne faut pas ?* Non : cette voix est une illusion. Il n'y a que les Loix civiles qui parlent ainsi.

Mais les Loix civiles ne sont-elles pas des fruits de la Raison, laquelle instruit tous les hommes, avant qu'ils fassent des réglemens, & qui subsiste toûjours, quoique ces réglemens soient abolis ? Discours frivoles ! Ce n'est que le besoin où les hommes se sont trouvez d'avoir quelques intervales de paix, qui a enfanté les Loix civiles. C'est la force ou la foiblesse d'un parti qui le soûmet à ces Loix ou qui l'en affranchit.

Mais la régle des hommes est donc la même que celle des brutes. Car les plus foibles se soûmetent au plus fort, & ce n'est que parce qu'il est le plus fort : puisqu'ils lui livrent la guerre, au moment que leur parti s'est assez fortifié pour le vaincre. On dira tout ce qu'on voudra. Dans l'état de la Nature, il n'y a point d'autre

Loi, que celle du plus fort.

Peut-être auroit-on peine à croire, que tant de monstres fussent sortis de la tête d'un homme, si l'on n'entendoit Monsieur Regis lui-même. Il nous représente le Souverain, comme étant revêtu du pouvoir que chaque particulier avoit dans l'état de la Nature. Ainsi, nous n'avons qu'à raporter ce qu'il attribuë au Souverain, pour découvrir encore les droits naturels de chaque particulier.

Systen. Moral. p. 465. *La Loi des gens & le Droit des gens*, dit Monsieur Regis, *sont deux choses oposées. Puisque le Droit des gens est une liberté que la Nature donne aux Souverains, de faire tout ce qu'ils veulent les uns à l'égard des autres; & que la Loi des gens est une restriction de cette liberté.*

Cette définition du Droit des gens est nouvelle pour moi. Car j'avois toûjours oüi définir ce droit, *Un Droit propre à toutes les Nations, par une espéce d'acord fait entr'elles, ou par un consentement tacite.* Mais Monsieur Regis a des vuës particuliéres ausquelles il faut s'acommoder. Selon lui, le Droit des gens est pour les Souverains, ce que le Droit Naturel est pour chaque particulier. Les particuliers peuvent donc, par le droit Naturel, faire tout ce qu'ils veulent les uns à l'égard des autres. Autrefois nous n'avions que nôtre volonté & nôtre amour propre pour régle. Dans des gens tels que nous sommes, cela ne pouvoit faire qu'un bel effet. Aujourd'hui c'est un privilége reservé aux Souverains. La devise qui leur est propre, c'est que *Leur volonté est leur raison.*

Un autre que Monsieur Regis, craindroit par ce principe d'avilir la Royauté, & de mettre le Souverain au dessous du moindre de tous les hommes, aprés l'avoir ainsi dispensé de la Foi & de la Loi. Un autre craindroit, qu'un Prince ainsi abandonné à ses volontez & à son amour propre, n'alât à toutes sortes d'excez, & ne devint une bête farouche. Mais

Monsieur Regis ne craint point cela, parce qu'il lui donne pour barriere *la Loi des gens*, qui selon lui, est une *restriction du Droit des gens*.

Cela seroit fort bien, si ce n'étoit que le Souverain ne demandera pas à Monsieur Regis la preuve du *droit des gens*, mais qu'il demandera celle de *la Loi des gens*; & qu'il s'exercera dans l'étenduë *du Droit*, jusqu'à ce qu'on lui ait bien prouvé *la Loi*.

Le Philosophe dit de même que *la Loi naturelle*, est une limitation du *Droit naturel*; & c'est par là qu'il prétend retenir les particuliers dans l'état de la Nature. Mais où trouve-t'il cette *Loi naturelle*? Pourquoi oposer une Loi inconnuë à un Droit bien connu & bien constant? C'est à Monsieur Regis à prouver l'un s'il croit avoir prouvé l'autre.

System. moral. p.465. Mais si la Loi des gens ou *les devoirs reciproques des Souverains, ne sont fondez que sur des Pactes & des Traitez*, comme le dit Monsieur Regis, la Loi naturelle n'est aussi fondée que sur les Pactes & les Traitez que les Particuliers ont faits entr'eux. Il n'y avoit donc point de Loi naturelle avant les Pactes & les Traitez. Mais ce qui n'est fondé que sur des Pactes & des Traitez, peut-il être une Loi naturelle ? Monsieur Regis devroit convenir qu'il n'a nulle idée, ni des Loix naturelles, ni du Droit naturel, & y penser tout de nouveau. S'il y a quelque différence entre ces choses, c'est que *le Droit Naturel*, consiste à se conserver par toutes les voïes qui ne vont pas à la destruction du plus grand nombre : & que *les Loix Naturelles*, consistent à traiter chaque chose selon ce qu'elle est, & à ne point faire à autrui, ce que nous ne voulons pas qu'il nous soit fait.

Monsieur Regis a si peu connu ces principes de raison & de justice, qu'il n'a pas eû horreur de dire, que si *dans un Etat, quelqu'un nuit à un autre, avec lequel il n'a fait aucun Pacte, celui qui a reçû le dommage, se plaignant de* System. Moral. p. 473.

l'injure ; l'autre pourroit lui répondre, qu'il ne lui a rien promis, & que par conséquent, il a droit à son égard de faire ce qu'il veut. De le deshonorer, de le voler, de le tuër. C'est un droit que la Nature a donné à Monsieur Regis. S'il ne s'en sert pas, c'est qu'il est retenu par les Loix du Souverain, avec lequel il a fait Pacte. Quel nom peut-on donner à cela ? On peut souffrir, que Monsieur Regis donne cette reflexion pour re-
*P.443. méde contre la haine. * Car le remède est singulier. Mais souffrira-t'on qu'il le propose publiquement comme un principe de Morale ? Souffrira-t'on qu'il publie,
P.475. que *l'injustice qui est dans les actions, consiste dans l'oposition qu'elles ont aux Loix civiles ?* Peut-on mieux décider, que le *juste* & *l'injuste*, dépendent des Loix civiles, & que l'un & l'autre changent comme ces Loix ? C'est sur un si solide fondement que Monsieur Regis ne connoît pour *crime*, ou pour *action criminelle*, que celle qui est contraire à quelque Loi

civile : qu'il ne connoît cette action pour *offense*, qu'entant qu'elle choque l'Auteur de la Loi qui la défend : & qu'elle n'est *péché*, que parce qu'elle est contraire à quelque Loi divine positive. Cela revient, dit-il, à ce que dit saint Paul, qu'*avant la Loi, il n'y avoit point de péché*. Ainsi, par les régles de Monsieur Regis, une chose n'est pas défenduë, parce qu'elle est mauvaise, mais elle devient mauvaise, parce qu'elle nous est défenduë. Saint Paul dans le passage qu'on cite n'avoit pas en veuë la Loi donnée aux Juifs, contre laquelle ils ne péchoient point avant qu'elle leur eût été donnée, il parloit des préceptes qu'on apelle *naturels*. Les Juifs n'en avoient violé aucun avant que la Loi leur eût été aportée de la montagne. Ces préceptes n'étoient rien, puisque *tout est naturellement permis*. J'ai assez fait voir la fausseté & les suites de ce sentiment. S'il est permis à Monsieur Regis pour le soutenir, de prendre un Apôtre pour second, je ne sçai

l'injure, l'autre pourroit lui répondre, qu'il ne lui a rien promis, & que par conséquent, il a droit à son égard de faire ce qu'il veut. De le deshonorer, de le voler, de le tuër. C'est un droit que la Nature a donné à Monsieur Regis. S'il ne s'en sert pas, c'est qu'il est retenu par les Loix du Souverain, avec lequel il a fait Pacte. Quel nom peut-on donner à cela ? On peut souffrir, que Monsieur Regis donne cette reflexion pour re-
*P.443. méde contre la haine. * Car le remède est singulier. Mais souffrira-t'on qu'il le propose publiquement comme un principe de Morale ? Souffrira-t'on qu'il publie,
P.475. que *l'injustice qui est dans les actions, consiste dans l'oposition qu'elles ont aux Loix civiles ?* Peut-on mieux décider, que le *juste* & *l'injuste*, dépendent des Loix civiles, & que l'un & l'autre changent comme ces Loix ? C'est sur un si solide fondement que Monsieur Regis ne connoît pour *crime*, ou pour *action criminelle*, que celle qui est contraire à quelque Loi

civile : qu'il ne connoît cette action pour *offenſe*, qu'entant qu'elle choque l'Auteur de la Loi qui la défend : & qu'elle n'eſt *péché*, que parce qu'elle eſt contraire à quelque Loi divine poſitive. Cela revient, dit-il, à ce que dit ſaint Paul, qu'*avant la Loi, il n'y avoit point de péché*. Ainſi, par les régles de Monſieur Regis, une choſe n'eſt pas défenduë, parce qu'elle eſt mauvaiſe, mais elle devient mauvaiſe, parce qu'elle nous eſt défenduë. Saint Paul dans le paſſage qu'on cite n'avoit pas en veuë la Loi donnée aux Juifs, contre laquelle ils ne péchoient point avant qu'elle leur eût été donnée, il parloit des préceptes qu'on apelle *naturels*. Les Juifs n'en avoient violé aucun avant que la Loi leur eût été aportée de la montagne. Ces préceptes n'étoient rien, puiſque *tout eſt naturellement permis*. J'ai aſſez fait voir la fauſſeté & les ſuites de ce ſentiment. S'il eſt permis à Monſieur Regis pour le ſoutenir, de prendre un Apôtre pour ſecond, je ne ſçai plus ce qu'on pourra défendre de ne pas permettre.

CHAPITRE XXII.

On fait voir que Monsieur Regis détruit l'union des Parens & des Enfans : Et qu'il égale l'homme à la bête.

Syftem. Moral. p. 466. MOnsieur Regis suivant son grand principe * *que l'état de la Nature est un état de guerre*, prétend qu'une Mere a droit d'exposer son Enfant. La force, dit-il, lui donne ce droit. Mais sa Raison le lui donne-t'elle ? Peut-on rentrer un instant en soi-même, & ne pas voir qu'une Mere qui expose son Enfant, viole toutes les Loix de la Nature ? Cét Enfant fait partie d'elle-même : tout ce qui se passe en elle, la porte à le conserver, & à le défendre. Mille ressorts sont disposez en elle, dont les débandemens continuels sont suivis de sentimens, qui tendent tous à la conservation de cét Enfant. Il faut qu'elle fasse le dernier effort contre elle-même, pour rendre inutiles ces sentimens ; & quelque effort qu'elle fasse, elle ne les peut étouffer, puisqu'ils ne sont pas moins nécessaires que les mouvemens en conséquence desquels ils sont produits. On voit bien que Monsieur Regis n'a jamais fait de réfléxion sérieuse, sur l'union que les Enfans ont avec leur Mere. Car pour peu qu'il y eût pensé, il n'auroit pas établi cette maxime cruelle, que *dans l'état de la Nature, une Mere a droit d'exposer son Enfant.*

Mais suposons que cette Mere éleve son Enfant, quel fruit tirera-t'elle de sa peine & de ses soins ? Cét Enfant, dit Monsieur Regis, n'aura pas droit d'ôter la vie à sa Mere, par cette raison, qu'il a fait un pacte au *moins implicite* avec elle, de lui être soûmis. Mais si un Enfant devenu adulte, disoit qu'il ne connoît point ce pacte, que c'est une imagination de Monsieur Regis : que ſa Mere l'a élevé, parce qu'elle l'a bien voulu, qu'il n'a rien éxigé d'elle, qu'il ne s'eſt engagé à rien, lui qui ne ſçavoit point encore ce que c'étoit que la mort & la vie, & qu'ainſi il n'a point égard à ce que ſa Mere peut avoir eû dans l'Eſprit, mais ſeulement au droit que la Nature lui donne dépuis qu'il eſt devenu le plus fort. Que répondroit Monſieur Regis? Croit-il qu'on abandonnât un droit de la Nature bien conſtant & bien reconnu pour un pacte qu'il ſupoſe en l'air & ſans aucune preuve? Aſſurément le Fils tueroit ſa Mere, & Monſieur Regis n'auroit rien à lui dire. Quelle peut être une Philoſophie qui ſe tait lors qu'on agit contre les ſentimens les plus naturels, & qu'on commet ce qui fait horreur aux ames mêmes les plus barbares? C'eſt ſans doute le fruit d'une melancholie noire, & d'une haine ſecréte contre tout le genre humain.

Voici une autre nouveauté de Monſieur Regis. Il parle des mariages qui ſe font dans la ſocieté civile ; Et dit, *Les Enfans ſeront ſoûs la puiſſance du Pere à cauſe que cette puiſſance s'étend déja ſur la Mere.* Ainſi le Pere n'a point d'autre puiſſance ſur les Enfans, que celle qu'il a ſur la Mere. Car les effets ſont proportionnez à leur cauſe. Le Peré n'a pas le pouvoir de châtier la Mere, mais ſeulement de la réprendre avec douceur & ménagement, quand elle tombe en quelque faute, il n'aura donc pas le pouvoir de châtier ſes Enfans : Ou bien, il faut qu'il ait le même pouvoir ſur la Mere que ſur eux. Je ne ſçai ſi les Meres l'entendent ainſi, mais je ſçai bien, que cette Doctrine eſt contraire à toutes les Loix divines & humaines.

Syſtem. Moral. p. 467.

Monſieur Regis devroit ſçavoir, que la puiſſance du Mari ſur ſa Femme, eſt fondée ſur la dignité du Séxe. Si les deux Séxes ſont unis, l'ordre demande, que le plus noble ait l'empire. Cela n'eſt pas trop difficile à découvrir. Il devroit ſçavoir auſſi, que le droit des Parens sur leurs Enfans, est fondé sur la qualité de *causes*, qu'ont les Parens : Un Pere & une Mere ont donné la vie à leurs Enfans : la Raison veut donc, qu'ils ayent droit de leur commander, & de les obliger à faire tout ce qui ne va point contre l'honneur dû à la premiére & souveraine cause, de laquelle les Enfans & les Parens dépendent également.

Par la même raison un Enfant doit une obeïssance entiére à ses Parens, pendant que leurs commandemens ne tendent point directement à sa destruction. Car bien qu'il ait reçû la vie par eux, ils ne peuvent pas la lui redemander, elle apartient à celui qui en est la cause immédiate : tout le droit que les Parens ont sur elle, c'est de l'apliquer en diverses maniéres, pour la gloire du Créateur, & pour le bien propre de leurs Enfans. Voïons si Monsieur Regis, aprés avoir confondu l'autorité qui émane du Séxe, avec celle qui émane de la

Paternité, sçait distinguer l'obéissance que les Enfans doivent à leurs Parens.

Dans l'état de la Nature, dit-il, * *l'obéïssance des Enfans s'étend généralement à tout ce que les Parens leur peuvent commander, pourvû qu'ils ne leur commandent pas de nier l'éxistence de Dieu, ou de se tuer eux-mêmes.* Je voudrois, sçavoir, pourquoi Monsieur Regis parle de *Parens dans l'état de la Nature*. Il semble qu'il ne devroit parler que des Meres. Car, selon lui, dans cét état, il n'y a point de ces contracts, qui sont le principe de la puissance du Mari sur la Femme, & conséquemment sur les Enfans comme il l'a dit plus haut. Mais laissons le se perdre dans ses idées. *L'obéïssance des Enfans s'étend généralement à tout ce que les Parens leur peuvent commander*. Quoi ! Si dans l'état de la Nature, un Pere commande à son Fils d'assasiner & de violer, ce Fils sera obligé de faire l'un & l'autre ?

* Syst. Moral. p. 467.

Quelle espéce de contract peut

la Nature. Monſieur Regis y a pourvû. Voici un autre droit qu'il nous donne. *Comme c'eſt par l'inſtinct de la Nature*, dit-il, *que les bêtes ſe jettent ſur nous, lorſque la faim les preſſe ; c'eſt auſſi par le droit de la Nature que nous les tuons, lors qu'elles peuvent ſervir à nôtre uſage.* Ce droit ne ſeroit pas mal fondé, ſi ce n'étoit que nous en tuons quelquefois ſans que la faim nous preſſe, & que nous en tuons ſouvent qui ne ſont point malfaiſantes.

Ibid.

Quoiqu'il en ſoit, Monſieur Regis ſe retrouvera toûjours dans ſon principe, qui eſt, que comme les bêtes nous peuvent devorer, parce qu'elles n'ont point fait de pacte avec nous : de même nous pouvons les tuer & les manger, parce que nous n'en avons point fait avec elles. Voilà une parfaite égalité des droits de la Nature entre l'homme & la bête. Mais Monſieur Regis ne ſe moqueroit-il point de celui qui diroit, que ſi nous avons droit d'arracher des plantes & de manger des choux

& des oignons, c'est que nous n'avons point fait de contract avec ces Etres? Reste-t'il qu'on n'ait pas autant sujet de rire, quand il dit, que si nous pouvons tuer & manger des bêtes, c'est que nous n'avons point contracté avec elles?

Mais prouveroit-il bien, que les bêtes, faute de raison & d'usage de la parole, n'ont point contracté avec nous? Pour moi, je ne trouve pas, que ses principes soient fort démonstratifs à cét égard. Il feroit bien de le prouver de nouveau, s'il desiroit qu'on l'en crût. Du moins ne refusera-t'il pas à ces pauvres bêtes, quelque sorte de *contract implicite*, où, ni la parole ni la raison ne sont requises dans une des parties qui contractent. Peut-être dira-t'il, que quand les bêtes auroient contracté, on n'est plus obligé à rien envers elles, parce qu'elles n'observent pas la convention. J'avouë que plusieurs d'entr'elles, l'observent mal; mais il faut aussi qu'il avouë, que plusieurs ne la violent point. Tant d'animaux dont nous faiſons de ſi bons repas, ſemblent-t'ils mêmes avoir jamais eû intention de la violer ? Ce ſont des *innocens*, Monſieur Regis lui-même les qualifie de ce nom. Nous devrions du moins les épargner !

Ibid.

Mais pour parler ſérieuſement, ne ſçauroit-il comprendre, que le droit qu'a l'homme ſur les bêtes, eſt fondé ſur l'excellence de ſa Nature. Les animaux ſont des Etres purement corporels, la Raiſon veut donc, qu'ils ſervent, ou du moins qu'ils ne nuiſent pas à des Etres qui ſont corps & eſprit tout enſemble.

L'eſprit ſuivant ſa deſtination, doit veiller à la conſervation du corps auquel il eſt uni, afin que par ce même corps il mérite les biens qui ſont propres à une Nature intelligente. Ce corps pour ſe conſerver doit-être nourri, & il ne ſe peut nourrir que de corps.

L'homme a donc droit de tuer des bêtes pour s'en nourrir, ou pour n'en être pas incommodé. On ne peut nier qu'il le peut, par un droit positif & dû à sa nature : & non pas seulement par un droit negatif, ou comme parle Monsieur Regis, parce qu'il n'a point fait de contract avec elles.

CHAPITRE XXIII.

On fait voir, que Monsieur Regis corromp les véritables idées de l'ancienne & de la nouvelle alliance.

ON a peine à deviner pourquoi Monsieur Regis, dans un Traité de Morale, où il ne s'agit que de traiter des devoirs de l'homme, fait de longs discours sur les alliances que Dieu a faites avec son Peuple. Car les devoirs de la créature envers le Créateur, ne sont point fondez sur ces alliances. Que Dieu en fasse ou qu'il n'en fasse pas, les hommes ont toûjours les mêmes obligations à son égard, & à l'égard les uns des autres. Ils sont toûjours dépendans : & il est toûjours Souverain. Avant comme aprés l'alliance, ils lui doivent toutes les pensées de leur esprit, & tous les mouvemens de leur cœur; & aprés l'alliance, il ne peut leur être autre chose, que ce qu'il leur a toûjours été, leur lumiére, l'objet de leur amour, l'Auteur de tous leurs mouvemens, la source de tous leurs biens.

Quand donc Dieu fit alliance avec Abraham, ce ne fut point pour acquerir de nouveaux droits: ce fut par pure bonté; & par une pure distinction que Dieu avoit faite du Peuple qui devoit sortir de ce Patriarche, d'avec tous les autres Peuples de la Terre: Quoique ce fût un nouvel engagement à Abraham & à sa postérité d'être fideles à Dieu & de ne vivre que pour lui.

C'est pourquoi, si Monsieur Regis vouloit philosopher sur les Alliances divines, il devoit chercher la raison du choix des Juifs, par préférence à tout autre Peuple, venir de l'ancienne à la nouvelle Alliance, & faire voir leurs raports. Mais c'est trop lui demander. Par tout il ne voit que contracts : & aprés en avoir fait le fondement de ce que les hommes se doivent les uns aux autres & de toute leur distinction, il en a voulu faire le principe de ce qu'ils doivent à Dieu, & de ce que Dieu fait pour eux.

C'est en vertu des Alliances, dit-il, *que Dieu a droit de régner sur les hommes*. Dieu n'avoit donc pas ce droit avant les Alliances. Aprés cela Monsieur Regis fait consister la foi d'Abraham en ce qu'il crût *que Dieu se manifestoit à lui*. Mais comment ne voit-il pas qu'Abraham ne pouvoit pas douter de cette manifestation, & qu'ainsi la foi de ce Saint homme consiste précisément à s'être tenu ferme sur les promesses de son Dieu ? Quand on se mêle de Téologie, on doit du moins sçavoir que de dire, *qu'on adore le Dieu d'Abraham, d'Isaac & de Iacob*, c'est marquer qu'à l'exemple de ces Patriarches, on est bien persuadé, que le Dieu

System. Moral. p.495.

p.497.

qu'on adore à la puissance de faire tout ce qu'il a dit, quelque impossible qu'il nous paroisse.

System. Moral. p. 500. Monsieur Regis continuë : *Lorsque l'Alliance fut donnée sur la Montagne de Sinaï, & que tout le Peuple eut donné son consentement, Dieu prit alors la qualité de Roi.*

P. 509. Et ailleurs. *Dieu devoit choisir Saül pour son successeur, parce que c'étoit à Dieu à qui apartenoit la Souveraine puissance, depuis que le Peuple la lui avoit transferée sur la Montagne de Sinaï : & le Peuple devoit ratifier son choix, pour confirmer le droit de ce nouvel empire.* Autre contract : par lequel, Dieu reçoit du Peuple la souveraine puissance, mais malgré lequel, il ne peut choisir un Successeur, à moins que le Peuple ne ratifie son choix. Voilà Dieu bien humanisé : le voilà bien réduit à l'état des Souverains terrestres : Voilà la Royauté divine elle-même bien dépendante du Peuple. Dieu n'étoit donc pas Roi avant *qu'il en eût pris la qualité ?* Il n'avoit donc pas la Souveraine puisſance, avant que le *Peuple la lui eût transferée.* Monſieur Regis qui ne ſçait pas conſulter en Philoſophe l'idée de l'Etre parfait, devroit du moins en Chrêtien conſulter les Ecrirures. Il y verroit Dieu toûjours Souverain, aprés comme avant l'établiſſement d'une Royauté viſible, toûjours donnant ſes ordres, toûjours abbaiſſant ou élevant les Rois. Les Peuples toûjours dans la crainte de ſa puiſſance, les Rois dans une dépendance continuelle. Tout cela, ce me ſemble, s'accorde mal avec le langage de Monſieur Regis.

Enfin, voici le regne de Jesus-Chrsit, établi ſur un nouveau contract, dont les conditions ſont que *Dieu pardonnera aux hommes leurs péchez & les introduira dans le Royaume céleſte.* Et que *les hommes obeïront à tout ce que Dieu commande, & croiront que* Jesus-Christ *eſt le Meſſie que Dieu avoit promis.* Mais comment Monſieur Regis l'entend-t'il? Peut-on contracter validement, quand on

Syſtem. Moral. p. 511.

eſt dans l'impuiſſance d'accomplir les conditions d'un contract ? Les hommes peuvent-ils par eux-mêmes obeïr à tout ce que Dieu commande, & croire en JESUS-CHRIST ? Mais ſi ce prétendu contract ſuffit pour nous faire croire en JESUS-CHRIST, il n'eſt plus néceſſaire de parler de motifs de crédibilité. S'il ſuffit ce contract, pour nous faire obeïr à Dieu, il ne faut plus parler de grace intérieure. Voilà la Théologie bien abregée. Monſieur Regis ne craint-t'il point, qu'aprés avoir donné de juſtes raiſons, de croire qu'il ne ſupoſe point de corruption dans la Nature, on ne le ſoubçonne d'exclure par ſes contracts la néceſſité de la grace ?

Que Monſieur Regis ceſſe de ſe tromper lui-même. L'alliance que Dieu a faite avec les hommes par la Miſſion de JESUS-CHRIST, eſt encore moins que celle qu'il fit avec Abraham de la Nature des contracts de la vie civile. Ce n'eſt une Alliance, que parce que Dieu veut par JESUS-

CHRIST se reconcilier les hommes.

Dieu ne veut point que son Ouvrage perisse, cependant il le laisse corrompre. Il faut donc qu'il prépare un remède à cette corruption. JESUS-CHRIST est ce remède : il doit descendre d'Abraham. Dieu choisit donc Abraham & distingue sa postérité entre tout le reste des hommes. Elle n'a pas cette postérité, d'autres obligations qui regardent Dieu directement, que le reste des hommes ; mais comme elle est preferée, le vrai culte lui est montré, elle est excitée par des Miracles, elle est portée par des chatimens & par des recompenses à remplir ses devoirs. Voilà l'Alliance & les effets de l'Alliance. Mais cette Alliance est-ce autre chose qu'un commencement de reformation de l'Ouvrage de Dieu, où Dieu est le seul qui travaille, afin que la créature recouvre sa perfection ?

Enfin, JESUS-CHRIST vient dans le monde, & Dieu le donne à tous les hommes, non seulement pour les instruire de leurs devoirs indispensables, mais encore pour les y attacher efficacement par une douceur céleste, dont il est le dispensateur : ce que les Miracles & les peines ou les bénédictions temporelles n'avoient pû faire.

Voilà ce que nous apellons la nouvelle Alliance de Dieu avec les hommes. C'est l'aplication que Dieu fait d'un second moyen incomparablement plus efficace que le premier, pour faire rentrer les hommes dans les voïes de la justice, & de la sainteté. Mais où sont les Contractans ? pauvres, impuissans comme nous sommes, aveugles, sans Loi, sans Foi, semblables à des Athées, pouvons nous contracter ? Il faut que JESUS-CHRIST commence par nous guérir. Et quand ce Medecin céleste, lequel à raison du reméde qu'il nous aporte est apellé *l'Ange de la nouvelle Alliance*, nous aura réformez, ce ne sera point en vertu d'un contract que nous tournerons toutes nos vûës & tous nos desirs vers nôtre Créateur, ce sera par un sentiment de nôtre dépendance, & par une conviction intérieure & perpétuelle, qu'il est le seul principe du bonheur que nous cherchons, & de la perfection à laquelle nous aspirons.

Pourquoi Monsieur Regis broüille-t'il ces idées si simples & si édifiantes que l'Ecriture nous donne ? Croit-il gagner les hommes & en faire de bons sujets à force de leur dire qu'ils ont fait des contracts ? Où est l'homme que l'idée de ces contracts ait jamais inquieté ? Mais où est celui que la Loi qu'il porte dans le cœur, & que le souvenir des bienfaits du Créateur ne rapelle pas, & ne fait pas gémir quelquefois ?

C'est apparemment le terme *d'Alliance*, qui a trompé Monsieur Regis. Il s'est imaginé, que Dieu ne pouvoit parler de faire Alliance avec son Peuple, sans avoir dessein de faire un véritable contract, parce qu'il n'a pas pris garde, que cette expression tirée du commerce ordinaire de la vie humaine, ne tend qu'à nous faire entendre, que Dieu s'acommode à nôtre foiblesse, qu'il descend jusques à nous, & qu'il traite, pour ainsi dire, d'égal à égal avec nous, afin que par là nous entrions dans des sentimens d'amour & de confiance.

CHAPITRE XXIV.

On fait voir que Monsieur Regis fait le Théologien mal à propos, & qu'il n'a nulle idée, ni des vertus, ni de la beatitude.

COmme je n'en voulois qu'aux contracts de Monsieur Regis, je me metrai peu en peine de la Théologie bizare dont il a voulu renforcer sa Morale.

Il suffit de montrer en général, qu'il n'a nulle idée distincte, ni de JESUS-CHRIST, ni de son Roïaume, ni de ses Loix, ni des vertus Chrêtiennes, ni de ce qui peut faire la béatitude de l'homme, soit dans l'état de la Nature, soit dans celui de la Grace.

Jesus-Chrsit, dit-il, *est inférieur à son Pere, en ce qui regarde le droit de régner, quoiqu'il lui soit égal & coëssentiel en ce qui regarde la Nature divine.* Et il ajoûte. *Le Roïaume de Dieu étant céleste, il ne commencera qu'au jour du jugement* : Ce qu'il apuïe encore sur ce qui est promis aux Apôtres, *qu'ils seront assis sur douze trônes, & qu'ils jugeront les douze Tribus d'Israël.* System. Moral. p. 513.

Pour se faire entendre, il devoit nous marquer comment il considére ici Jesus-Christ, si c'est comme homme ou comme Dieu. S'il le considére comme *Homme*, il n'y a nulle proportion du regne de Jesus-Christ à celui de Dieu : puisque Dieu régne absolument & par lui-même, & que Jesus-Christ ne régne que par une dépendance entiére de la Divinité. S'il le considére comme *Dieu*, voilà Monsieur Regis dans une herésie formelle. Car il est constant, qu'une Personne divine n'a rien qui ne lui soit commun dans une parfaite égalité avec les deux autres Personnes, excepté les propriétez qu'on apelle *personnelles*, qui sont de *produire*, *d'étre produit*, *de procéder* : Et c'est joindre à l'hérésie une contradiction manifeste, que de dire d'une part, que Jesus-Christ est *inférieur* en quelque chose à son Pere, & de l'autre *qu'il lui est égal & coëssentiel en ce qui regarde la Nature divine.*

De plus, par le regne & le Royaume de Dieu, Monsieur Regis entend, ou la demeure de Dieu dans les Ames, ou l'assemblée sainte dont Dieu fait l'objet de sa complaisance. S'il entend le premier, il est contraire à Jesus-Christ lui-même qui dit, *Regnum Dei intra vos est.* S'il entend le second, le Roïaume de Dieu a commencé dés qu'il y a eu des Saints dans le monde, puisque Dieu s'est toûjours complû en eux, comme dans son Ouvrage, qu'il a toûjours fait ses délices d'être avec eux, qu'il les a toûjours conduits & dirigez par les voïes que bon lui a semblé.

Le Roïaume de Dieu est céleste. Qui en doute ? Mais Monsieur Regis entend-t'il ce mot, *céleste ?* Signifie-t'il autre chose, sinon, que le Roïaume de Dieu se forme par la Grace qui coule du Ciel, c'est à dire, de Dieu-même ; & que les Ames qui sont arrosées de cette pluïe divine, ne sont plus touchées des biens de la Terre, mais uniquement des vraïs biens, de la vérité & de la justice qui les lient étroitement à Dieu ?

Que prouve donc la séance future des Apôtres sur douze Trônes, pour juger les douze Tribus ? Sinon, que JESUS-CHRIST venant juger les vivans & les morts, lorsque l'Eglise qui est le Temple où la Majesté de Dieu habite, aura reçù toute sa perfection, la sainteté & les travaux des Apôtres serviront à confondre & à condamner ceux qui n'auront pas voulu se soûmetre à JESUS-CHRIST ? Qu'il s'ensuive de là, que *le Roïaume de Dieu ne commencera qu'au jour du jugement*, c'est ce qu'il n'y a que Monsieur Regis, qui soit capable de conclure.

Jesus-Christ a dit, que *son Roïaume n'est pas de ce monde*, pour faire entendre que les choses qu'il enseignoit, & que les Loix qu'il aportoit, étoient si oposées à la disposition des Enfans du siécle, qu'il ne pouvoit attendre que des souffrances & des contradictions ici-bas. Mais Monsieur Regis sçait faire un autre usage de ces paroles. Il en conclût que
System. Moral. p. 517. Jesus-Christ *n'avoit pas reçû la puissance de juger du mien & du tien* : ce qui fait, que lorsque Jesus-Christ dit, VOUS NE TUERREZ POINT. Vous ne DEROBBEREZ POINT, *il ne fait*
P. 528. *autre chose que commander d'obéir aux Loix civiles*. On a tort aprés cela, de regarder Jesus-Christ comme Legislateur. Il n'est venu que pour confirmer les Traitez, que les hommes ont faits entr'eux, & pour autoriser les Loix, qui sont l'Ouvrage de l'amour propre. Est-ce ainsi que Monsieur Regis

met JESUS-CHRIST au dessus de Moïse ? Est-ce ainsi qu'il releve le Ministére de nôtre Adorable Réparateur ?

Assurément, les Loix civiles sont dans l'ordre de la Providence, & JESUS-CHRIST n'a nullement prétendu les abolir ? Mais Monsieur Regis n'a-t'il point apris, que JESUS-CHRIST nous ordonne de n'avoir nul égard à ces sortes de Loix, lors qu'elles se trouvent contraires à la charité, ou à ce que la lumiére naturelle nous découvre ; que nous devons faire, ou ne pas faire aux autres hommes ? Il faut suivre les Loix civiles, mais c'est quand il s'agit de police & de formalitez, le cœur & les mœurs ont d'autres régles. C'est une chose étrange, qu'un Chrêtien ne sçache pas encore, ce que des Païens ont connu, que * *de faire toûjours à la rigueur ce que les Loix civiles nous permetent, c'est souvent faire une extréme injustice.* Monsieur Regis en qualité de Philosophe & de Jurisconsulte, en doit sçavoir les raisons. Et il

* *Summum jus summa injuria.*

me semble, qu'on ne doit pas permettre qu'il abuse comme il fait, de l'Ecriture, pour apuïer des faussetez.

Du régne de JESUS-CHRIST, il passe aux vertus. *Les actions*, dit-il, *qui procédent des vertus naturelles & civiles ; & celles qui procédent des vertus Chrétiennes n'ont rien de dissemblable quant à l'extérieur : & on ne les peut distinguer les unes des autres, que par le motif qui est intérieur.* Il apelle *motif intérieur*, la fin qu'on se propose, ou *de conserver la vie temporelle*, ou *d'acquerir le salut éternel*.

Ibid.

On sçait bien, que les hipocrites prennent l'éxtérieur des justes, on sçait bien, que les Philosophes Païens affectent la moderation qui est commandée aux Chrêtiens. Mais les uns & les autres sont-ils humbles en s'abaissant ? Sont-ils patiens en composant leur contenance ? Sont-ils desinteressez, en donnant ou en refusant ?

Il n'y a cependant que l'humilité, la patience & le desinteressement qui soient, les vertus d'où procédent toutes les œuvres de justice. Un Païen ne peut pas avoir ces vertus. Il ne peut donc rien faire de juste par préférence à tous les objets de ses passions.

Il peut avoir, dit Monsieur Regis, les vertus naturelles & civiles, qui ont pour but la conservation de la vie temporelle.

Pitoïables équivoques! L'homme consideré tant qu'on voudra, dans l'état de la Nature, n'est-il pas indispensablement obligé de tourner toutes ses pensées & tous ses mouvemens vers son Créateur? N'est-il pas obligé d'être soûmis à l'ordre de sa Providence? N'est-il pas obligé d'agir, par une dépendance continuelle? Où sont ses vertus, quand il n'est pas dans cette disposition? Le public n'est-il pas bien redevable à cette espéce de vertu, qui ne tend qu'à la conservation de celui dans lequel elle habite? Que Monsieur Regis cherche tant qu'il lui plaira, de bons alimens, qu'il repousse soigneusement tout ce qui est nuisible à sa chere vie, je ne croi pas que personne lui en sçache grand gré, ni que Dieu lui en tienne grand compte.

Je ne croi pas aussi qu'on puisse nier que les obligations étant toûjours égales en tous les hommes, c'est une necessité qu'ils agissent dans tous les tems, par un seul & même principe, pour s'acquiter de leurs devoirs. La Nature est corrompuë. Elle ne peut donc par elle-même produire aucune vertu. Aussi ne lui en demande-t'on pas. Les Loix civiles ne tendent qu'à la contenir au dehors: & c'est à raison de cette impuissance, tant de sa part, que de tout ce qui n'est qu'humain, que le Verbe de Dieu est venu en personne la reformer. Il s'ensuit de là, ce me semble, que si dans le langage ordinaire on distingue entre vertus *Chrêtiennes* & vertus *Païennes*, ce n'est pas pour établir deux ordres de vertus, c'est pour distinguer ce qui est vertu d'avec ce qui ne l'est point, d'avec ce qui n'en a que l'aparence, d'avec ce qui n'est qu'un pur orgueil.

La Béatitude vient aprés les vertus. Monsieur Regis avoit dit, que *la béatitude de l'homme dans l'état de la Nature, & dans la societé civile, consiste dans le contentement intérieur que l'Ame reçoit du bon usage qu'elle fait des choses qui contribuent à la conserver*, il dit, pour conclusion de sa Morale, que *la béatitude temporelle des Chrêtiens, consiste dans le plaisir qu'ils ont à faire avec le secours de la Foi & de la Grace, tout ce que les Loix Chrêtiennes leur prescrivent.* Je n'ai rien à dire contre cette derniére définition. Mais ce que j'ai dit, jusques ici, doit faire entendre à Monsieur Regis, que l'homme dans l'état de la Nature, aussi-bien que dans celui de la Grace, n'étant fait que pour son Auteur, ne peut trouver de repos, ni par conséquent de béatitude, que lors qu'il s'unit par le bon usage de toutes ses facultez à son Auteur? Qu'il redouble ses soins pour trouver de *bons alimens*, & pour se bien conserver, comme le veut Monsieur Regis, System. Moral. p. 489.

il n'aura point de béatitude, si en même-tems, il ne distingue que Dieu doit être le plus aimé, & s'il ne se porte vers Dieu par préference à toutes les créatures.

Mais où sont les hommes, qui sans le secours de la Grace, peuvent faire un bon usage de toutes leurs facultez? Il est donc certain, qu'il n'y a que les Chrêtiens qui soient capables de béatitude. Celle des Païens est une illusion toute pure. Les plus sages d'entr'eux, sont les plus superbes, & par conséquent les plus malheureux. Ils n'imposent qu'à ceux qui ne connoissent pas l'homme. Il faut pour être heureux, je veux dire, pour avoir parmi beaucoup de travaux quelque avant-goût de la béatitude, être uni à Dieu par JESUS-CHRIST l'unique dispensateur des vraïs biens. Sans cette union, tout ce qu'on apelle béatitude, n'est qu'un fragile plaisir, que Dieu nous imprime pour nous engager à la conservation d'un corps, par lequel nous devons nous sacrifier nous-mêmes. Si Monsieur Regis n'est n'est pas de ce sentiment. C'est sa faute.

Je pourrois relever bien des choses qu'il dit sur *la Foi*, sur *la Grace*, sur les *véritez surnaturelles*, sur *l'autorité de l'Eglise*, sur *la gloire de Dieu*, *&c.* Mais je croi qu'il suffit de m'être arrêté à ce qu'il y a d'essentiel dans son Ouvrage, & d'avoir détruit sa Doctrine dans ses principes. Je ne me suis point amusé dans sa Metaphysique, à le suivre dans ses écarts, je lui ai passé une infinité de méprises, j'ai laissé là son style de Géométre mal entendu, ses stériles analyses, ses termes qui ne signifient rien, ses distinctions scolastiques, qui laissent les questions dans leur difficulté. Je craignois que pour des choses peu importantes, je ne me rendisse aussi ennuïeux què lui.

Par la même raison, je ne dois pas, dans sa Morale, entrer avec lui dans un cahos, où je sçai bien qu'il ne peut pas se reconnoître lui-même. S'il juge que je n'aye pas répondu à quelque chose qui en valût la peine, il n'a qu'à me le marquer, je lui promets de lui en faire voir incontinent la foiblesse, le ridicule, la fausseté.

Il est vrai qu'il dit quelquefois des choses connuës & reçûës également de tout le monde, mais il n'est pas moins vrai, que ces choses n'ont nul raport à ses principes, & qu'elles ne sont point en leur place. Je lui dirai franchement ce que j'en pense. Il semble qu'elles n'ayent été fourrées dans son Ouvrage, que pour amuser le Lecteur, & pour faire passer des maximes, qui sans cela soûleveroient tout le monde.

CHAPITRE XXV.

On fait quelques reflexions sur la conduite des Philosophes.

QUoique les ennemis de Monsieur Descartes ayent les mêmes interêts, chacun d'eux néanmoins a sa maniére différente de lui faire la guerre. L'un plaisante, l'autre s'irrite, un autre affecte la tranquillité. Monsieur Hüet crût rendre sa Censure Canonique, en ne gardant nulle mesure. Il n'y a point de lieu commun, point de terme injurieux, point d'invective piquante, qu'il n'employe contre Monsieur Descartes ou ses Disciples : Et comme si c'eût été peu pour le Prélat, de faire passer son ennemi pour un homme dangereux, il voulut faire voir, que c'étoit un ignorant & un petit Esprit.

Dans ce dessein, aprés avoir attaqué les preuves de l'existence de Dieu, & de l'immortalité de l'ame, il attaqua les tourbillons.

Cette Physique qui n'est fondée que sur les propriétez qu'on conçoit dans la matiére, sur des figures & des mouvemens de parties matérielles, n'aproche pas de celle qui a pour fondement, *des formes substantielles, des vertus, des qualitez occultes.* Elle est pleine de contradictions qui sautent aux yeux. Et Henri Morus avant Monsieur Hüet, avoit trouvé mille absurditez dans le Systême Cartésien.

Morus & Monsieur Hüet aprés cela, devoient nous donner un monde de leur façon, pour l'oposer à celui de Descartes, à cét édifice qu'on a formé à la vûë des Loix, par lesquelles le monde que nous habitons se conserve. Apparemment ils n'y ont pas pensé; & peut-être ont-ils bien fait de ne s'en pas mêler, s'ils ne vouloient pas nous faire rire.

Un autre Anticartésien est venu depuis, qui ne s'est pas tant mis en colére, mais qui a dressé ses batteries contre les mêmes principes.

Son dessein est d'établir le Pyrrhonisme, d'autant que selon lui, on ne voit rien clairement. On diroit qu'il a peur qu'on ne prouve que Dieu éxiste, & que son Ame est immortelle. Il faut l'entendre discourir sur la nature des animaux : certainement, il n'oublie rien pour nous persuader, qu'il croit que son chien ou son chat participe autant que lui à la Raison. Tout ce qu'on peut lui dire là-dessus présentement, c'est ou qu'il n'est pas sincére, ou qu'il n'a pas mêmes le premier principe des connoissances humaines. On est prêt de l'en convaincre, s'il veut reduire ses Volumes à cinq ou six argumens abrégez. Car de le suivre dans toutes ses fades plaisanteries, c'est ce qu'on n'a pas dessein de faire.

Il faut que Monsieur Regis soit bien foible, & qu'il ait bien donné prise sur lui à ces Auteurs, puisqu'il a merité leur estime. En effet, Monsieur Duhamel même s'est trouvé assez fort, pour refuter quelques endroits de sa Physique : Soit par des argumens *ad hominem*, soit* *catégoriquement parlant*, il ne le pousse pas trop mal sur les loix du mouvement.

* Ce sont des expressions de M. Duhamel.

Celles que Monsieur Descartes a voulu établir, sont constamment fausses, excepté la prémiere. C'étoit n'y pas penser, que d'en établir six sur ce principe, que le *repos a de la force*. Mais Monsieur Regis, qui ne les trouve que défectueuses, a prétendu les corriger en joignant à cette prétenduë force, la pression que fait l'air & la matiére subtile, pour expliquer la dureté des corps: c'est à dire, qu'il a voulu corriger une erreur par de manifestes contradictions.

Je pourrois faire voir, que sa Physique est remplie aussi-bien que sa Morale & sa Metaphysique, de fausses idées & de faux raisonnemens; & qu'il n'y a de bon, que ce qu'il a tiré de divers Auteurs. Il confond l'ame avec le corps, comment parleroit-il sans confusion des passions & des inclinations naturelles?

Il confond l'action de Dieu, avec celle des créatures, comment découvriroit-il ce que c'est que vertu motrice ou force mouvante, d'où dépend la connoissance des loix du mouvement ? Il ne connoît pas l'objet, d'où les intelligences tirent leur lumiére, ni ce qui les distingue des êtres corporels, comment trouveroit-il le sujet propre des perceptions, & en quoi elles différent des idées ? Je pourrois, dis-je, faire voir, que Monsieur Regis, ne fait rien de ce qu'on attend d'un homme qui a étudié la Nature. Mais je n'aime pas assez cét éxercice. D'ailleurs que M. Regis soit mauvais Physicien, cela ne fait tort à personne. Si le Public a beaucoup d'interêt en quelque chose, c'est en ce qui regarde les mœurs, tels que sont les principes de Metaphysique & de Morale qu'on lui propose. Je fais donc mieux de me borner à l'éxamen de ces principes.

Peut-être que quelqu'un de ces Physiciens, qui ont si bien pris l'esprit de M. Descartes, quoi qu'ils ne parlent pas toûjours comme lui, trouvera le loisir de montrer à M. Hüet, & à M. Duhamel, & à l'Auteur du Voyage du Monde Cartésien, que tous leurs discours, ne sont que des fruits de leur imagination, & qu'ils n'ont tant d'ardeur pour le combat, que parce qu'ils n'entendent pas ce qu'ils combattent.

Pour Monsieur Regis, il sera toûjours pitié, lors qu'aprés l'avoir vû plein de confiance & en humeur de démontrer, on le verra incontinent aprés se perdre dans ses idées, & embarrasser les questions les plus faciles. Tout différent qu'il est de M. Hüet, ils se ressemblent en une chose. M. Hüet avec son style véhément & plein de feu, ne prouve rien; M. Regis avec son ton radouci ne prouve pas davantage.

On peut dire la même chose de l'agréable Voyageur & du Sérieux Peripatéticien. Dans leur différent caractére, ils s'accordent parfaitement à établir le Pyrrhonisme, par la confusion & les ténébres qu'ils répandent par tout.

www.ingramcontent.com/pod-product-compliance
Ingram Content Group UK Ltd.
Pitfield, Milton Keynes, MK11 3LW, UK
UKHW021100220726
13924UKWH00005B/2162